Schulung der Bewegungskoordination

ÜBUNGEN UND SPIELE FÜR DEN SPORTUNTERRICHT DER GRUNDSCHULE

ANDREAS KOSEL
unter Beratung von
Gerhard Hecker

Herausgegeben von der
Beratungsstelle für Schadenverhütung
des HUK-Verbandes, Köln

Dezember 1992

Verlag Karl Hofmann Schorndorf

Die Deutsche Bibliothek – CIP-Einheitsaufnahme

Schulung der Bewegungskoordination :
Übungen und Spiele für den Sportunterricht der Grundschule /
hrsg. von der Beratungsstelle für Schadenverhütung des
HUK-Verbandes, Köln. Andreas Kosel. Unter Beratung von
Gerhard Hecker. – Schorndorf : Hofmann
Videofilm u. d. T.: Sicherheit durch Sport
NE: Kosel, Andreas; Verband der Haftplichtversicherer, Unfallversicherer,
Autoversicherer und Rechtsschutzversicherer / Beratungsstelle für
Schadenverhütung; Sicherheit durch Sport
Buch. – 5., unveränd. Aufl. – 1998
ISBN 3-7780-3634-3

Zusätzlich
zu diesem Buch ist ein Videofilm erhältlich
„Sicherheit durch Sport"
VHS, 19 Minuten

Impressum

Herausgeber:
Beratungsstelle für Schadenverhütung des Verbandes der
Haftpflicht-, Unfall-, Auto- und Rechtsschutzversicherer e. V. Köln

Verlag und Druck:
Verlag Karl Hofmann, Schorndorf

Gestaltung:
Graphik Rolf Schirmbeck, Meckenheim

Skizzen:
Andreas Kosel

5., unveränderte Auflage 1998

ISBN 3-7780-3634-3

Bestellnummer: 3635

INHALT

VORWORT

Unfälle passieren im Straßenverkehr, bei der Arbeit, in der Schule und im privaten Bereich – in Heim und Freizeit.

Grundsätzlich gibt es drei Möglichkeiten, Unfälle zu verhüten:

- Die äußeren Bedingungen werden so gestaltet, daß möglichst nichts passieren kann (Straßen mit Mittelstreifen, Autos mit Sicherheitsgurten, "geprüfte Sicherheit" bei Geräten).
- Es werden Regeln eingeführt und durchgesetzt, die das Entstehen kritischer Situationen vermeiden (Straßenverkehrsordnung, Arbeitsschutzbestimmungen).
- In den Menschen werden Fähigkeiten entwickelt, gefährliche Situationen zu erkennen ... schnell zu reagieren ... immer die Orientierung zu behalten usw.

Weil es nicht möglich ist, die Lebenswelt durch Optimierung der Bedingungen und die Einführung von Verhaltensregeln absolut sicher zu machen, müssen Menschen sich immer wieder in unsicheren Situationen bewähren: Sie müssen die Fähigkeit haben, dann die richtigen Entscheidungen zu treffen und situationsangemessen zu handeln.

In diesem Zusammenhang ist die Bewegungssicherheit von großer Bedeutung. Sie ist in besonderer Weise von der Koordinationsfähigkeit abhängig. Sie sollte frühzeitig geschult werden. Einen Beitrag dazu soll das hier vorgelegte Praxisbuch für die Grundschule sein.

Es enthält:

- Vorschläge für Spiele und Übungen, die zur Verbesserung der koordinativen Fähigkeiten führen. Dieser Abschnitt ist gegliedert nach den fünf wesentlichen koordinativen Fähigkeiten und enthält zudem einige Vorschläge zu komplexen Übungen.
- Vorschläge für die Gestaltung von vielfältigen Sportstunden.
- Methodische Empfehlungen zum Sportunterricht.

Das ist ein Buch zum Blättern:

Wer will, kann sich für eine Sportstunde einzelne Übungen aus den Skizzen heraussuchen. Dabei ist zu beachten, daß die Übungen zum Erlernen der verschiedenen koordinativen Fähigkeiten nach dem Schwierigkeitsgrad gegliedert sind: Vom Einfachen zum Schwierigeren und Komplizierteren.

Wer Anregungen für eine komplette Stunde braucht, findet Beispiele in den Stundenvorschlägen.

Die methodischen Empfehlungen sollten irgendwann einmal gelesen werden, schon weil man an einige Grundsätze, die den Sportunterricht effektiver gestalten, erinnert wird. Es werden aber auch Anregungen zum Geräteaufbau gegeben: Weil der Lehrer nicht alles allein machen kann, wird hier beschrieben, wie in den Auf- und Abbau von Großgeräten die Schüler einbezogen werden können.

Das Buch ist mit den Lehrplänen vereinbar, es enthält aber nicht alles, was zum Grundschulsport gehört. Es gibt eine Menge weiterer Spiele, Geräte und Übungen, die im Grundschulsport vorkommen können und sollten. Hier ist das Wesentliche zusammengefaßt, was gemacht werden kann, um koordinative Fähigkeiten zu entwickeln.

Wir haben das alles ausprobiert und gefunden,

- daß es funktioniert,
- daß die Kinder (und auch die Lehrer!) Spaß haben und
- daß auch solche Lehrer zurechtkommen, die keine erfahrenen Sportlehrer sind.

Unterstützend zum Buch haben wir einen 19-minütigen Videofilm („Sicherheit durch Sport“) produziert, in dem wir die Inhalte noch einmal kurz vorstellen.

K. Pfundt

Sicherheitserziehung durch Schulung der koordinativen Fähigkeiten

Um unfallträchtige Lebenssituationen bewältigen zu können, ist "Bewegungssicherheit" erforderlich.

Bewegungssicherheit setzt koordinative Fähigkeiten voraus. Sie sind aber nicht angeboren, sie müssen erlernt, gefestigt und weiterentwickelt werden.

Hierbei wird der Grundschule eine besondere Bedeutung beigemessen:

- In der Zeit vom 6. bis zum 12. Lebensjahr sind Kinder, was die Verbesserung der koordinativen Leistungen betrifft, besonders lernfähig. Oft bereiten entsprechende Lernvorgänge im späteren Lebensalter erhebliche Schwierigkeiten und sind in manchen Fällen nicht mehr nachzuholen.
- Die im Grundschulalter erworbenen koordinativen Fähigkeiten sind von großer Bedeutung für Bewegungshandlungen im gesamten späteren Leben. Je umfangreicher, stabiler und abwechslungsreicher die Bewegungserfahrungen aus den ersten Jahren der Schulzeit sind, um so höher ist die Bewegungssicherheit im Erwachsenenalter.

Es ist schwierig, die zahlreichen koordinativen Fähigkeiten zu systematisieren. Je nach Verfasser werden in der Literatur verschiedene Klassifizierungen vorgenommen. So wird nach grundlegenden und speziellen Fähigkeiten, nach komplexen und sportartspezifischen, nach Fähigkeiten oberer und niederer Ordnung, nach beobachtbaren und nicht beobachtbaren Fähigkeiten unterschieden. Eine derartige Vielfalt verschiedener Standpunkte ist oft verwirrend und soll hier nicht weiter behandelt werden.

Für den Grundschulsport kann man fünf wesentliche koordinative Fähigkeiten bestimmen: *)

Orientierungsfähigkeit: Die Fähigkeit, bei gewollten und ungewollten Bewegungen die Orientierung im Raum nicht zu verlieren.

Reaktionsfähigkeit: Die Fähigkeit, auf verschiedene Reize schnell zu reagieren.

Gleichgewichtsfähigkeit: Die Fähigkeit, den Körper im Gleichgewicht zu halten bzw. das Gleichgewicht wieder herzustellen.

Rhythmusfähigkeit: Die Fähigkeit, einen Bewegungsablauf jeweils in dem ihm eigenen Rhythmus auszuführen.

Differenzierungsfähigkeit: Die Fähigkeit, einen Bewegungsablauf sicher, ökonomisch und genau durchzuführen, wobei die Dosierung des Krafteinsatzes eine wichtige Rolle spielt.

Im Grundschulsport ist eine isolierte Übung einzelner Fähigkeiten nicht unbedingt erstrebenswert und auch meist nicht möglich.

So erfolgt beispielsweise bei Fangspielen primär die Schulung der Reaktionsfähigkeit. Die Schüler müssen lernen, schnell zu reagieren, um vom Fänger nicht abgeschlagen zu werden. Wird das Fangen durch Keulen erschwert, die als Hindernisse auf dem Boden verteilt stehen, so wird neben der Reaktionsfähigkeit auch die Orientierungsfähigkeit verbessert. Welche Fähigkeit beim Fangen zwischen Hindernissen die dominantere Rolle spielt, ist von mehreren Faktoren abhängig, z.B. von den individuellen Voraussetzungen der Schüler, von der Anzahl der Keulen, von der Anzahl der Fänger, von der Spielfeldgröße usw. Für die Verbesserung der Bewegungssicherheit ist diese Zuordnung jedoch nicht von entscheidender Bedeutung.

Viele der hier beschriebenen Aufgaben können mehr oder weniger der Entwicklung mehrerer koordinativer Fähigkeiten dienen. Welche Fähigkeit jeweils besonders angesprochen ist, hängt auch davon ab, wie der Lehrer eine Aufgabe akzentuiert. So wird bei der Aufgabe "Ballprellen im eingegrenzten Spielfeld" hauptsächlich

- die Orientierungsfähigkeit verbessert, wenn es darauf ankommt, die Spielfeldmarkierungen nicht zu verlassen,
- die Reaktionsfähigkeit verbessert, wenn es darauf ankommt, nur auf Kommando zu prellen,
- die Differenzierungsfähigkeit verbessert, wenn es auf die Qualität des Prellens ankommt,
- die Rhythmusfähigkeit verbessert, wenn es darauf ankommt, im vorgegebenen Rhythmus zu prellen und
- die Gleichgewichtsfähigkeit verbessert, wenn es darauf ankommt, sich beispielsweise nur auf vorhandenen Spielfeldlinien zu bewegen.

Der enge Zusammenhang einzelner Fähigkeiten macht eine eindeutige Zuordnung oft sehr schwierig. Die nun folgenden Unterrichtsanregungen sind so ausgewählt, daß sie der Verbesserung einer koordinativen Fähigkeit zugeordnet sind in der Kenntnis, daß sie begleitend auch mehr oder weniger stark die anderen koordinativen Fähigkeiten schulen.

Auf zwei grundlegende Fähigkeiten soll an dieser Stelle noch hingewiesen werden:

- Wahrnehmungsfähigkeit und
- Konzentrationsfähigkeit.

Wenn sich jemand "tagträumend" in der Öffentlichkeit bewegt, dann ist sein Wahrnehmungsvermögen in der aktuellen Situation eingeschränkt. Dies gilt für Erwachsene und Kinder. Ähnliches gilt auch für den Fall, daß sich jemand auf irgend etwas ganz Spezielles konzentriert und nichts mehr um sich herum wahrnimmt. Sowohl der erste als auch der zweite Fall können zu Haus am Schreibtisch oder im Garten durchaus sehr positiv beurteilt werden. Man schirmt sich gegen Informationseinflüsse ab. Man nimmt nichts mehr wahr, was die momentane Tätigkeit stören könnte.

Ein in sein Spiel vertieftes Kind oder auch der Wissenschaftler bei seiner Arbeit können als Musterbeispiele genannt werden. Da könnte nebenan ein Kanonenschlag abgefeuert werden, sie ließen sich in ihrem Spiel bzw. bei ihrer Arbeit nicht stören.

Geht man aber aus geschützten Räumen in die Öffentlichkeit - z.B. in den Straßenverkehr -, dann kann jene einschränkende Konzentration verhängnisvoll werden. "Geistesabwesend" - in Wirklichkeit auf etwas Bestimmtes konzentriert - nimmt man Gefahren nicht wahr und ist dann oft diesen Gefahren schutzlos ausgeliefert. Hier wäre es wichtig, daß man mit allen Sinnen aufnahmebereit ist, um der jeweiligen Situation entsprechend reagieren und handeln zu können. Wir erkennen hier zwei mögliche menschliche Verhaltensweisen, die im Gegensatz zueinander stehen. Jede bietet aber zu ihrer Zeit und unter bestimmten Umständen sehr wichtige und positiv zu beurteilende Handlungsmöglichkeiten.

Im Sport bekommen auch beide Möglichkeiten ihren besonderen Sinn. Beim Hochsprung, bei einer Geräteübung, beim Wasserspringen usw. gilt es, sich auf einen eng umgrenzten Raum zu konzentrieren. Man darf sich durch nichts ablenken und aus der Konzentration bringen lassen. Bei einem Mannschaftsspiel muß man dagegen die Augen überall haben, man muß mit allen Sinnen ganz wach sein, damit man der jeweiligen Situation entsprechend reagieren kann. Dazwischen gibt es eine Vielzahl von Mischformen. Etwa im Tennis, wo man sich zwar ganz auf den Schlag konzentrieren muß, wo man aber gleichzeitig sehr schnell und in ganz feinen Nuancen wahrnehmen muß, wie der Gegner den Ball geschlagen hat.

Kinder, die im Sport Gelegenheit haben, ihre Wahrnehmungsfähigkeit und auch ihre Konzentrationsfähigkeit zu schulen und zu entwickeln, lernen dadurch etwas sehr Wichtiges für ihr ganzes Leben. Allerdings werden so nur Grundlagen vermittelt. Die Übertragung in andere Lebensbereiche ist eine zusätzliche Anforderung, die aber leichter zu bewältigen ist, wenn im Sportunterricht schon jene Grundlagen entwickelt wurden.

So gesehen sind Wahrnehmungsfähigkeit und Konzentrationsfähigkeit wichtige Bedingungen von Bewegungssicherheit. Sie haben bei dem in diesem Buch vorgelegten Konzept durchgehend eine Bedeutung, auch wenn nicht immer wieder besonders darauf hingewiesen wird.

*) P.Hirtz, Koordinative Fähigkeiten im Schulsport, Berlin 1985, Seite 33

- Orientierung
- Reaktion
- Gleichgewicht
- Rhythmus
- Differenzierung
- Komplexe Übungen

- Methodische Empfehlungen

Stundenbeispiele

Themenbereich:

- Ball
- Laufen, Werfen, Springen
- Bewegung an Groß- und Kleingeräten

- Kopiervorlagen

1. Schulung der Orientierungsfähigkeit

In diesem Abschnitt sind Unterrichtsanregungen zum Ballprellen, zu kleinen Ballspielen und zum Rollen zusammengestellt.

Bei den zum Thema "Ballprellen" vorgeschlagenen Übungen (1.1) steht immer dann die Orientierungsfähigkeit im Vordergrund, wenn Räume und Abstände eingehalten werden sollen, Begrenzungen und Hindernisse wahrgenommen und Zusammenstöße vermieden werden müssen, während bei Prellaufgaben mit Tempo- und Richtungsänderungen die Reaktionsfähigkeit geschult wird. Die Verbesserung der Qualität der Prellbewegung steht im engen Zusammenhang mit der Verbesserung der Differenzierungsfähigkeit.

Gerade im Grundschulbereich fordert die "unüberschaubare", ständig wechselnde Spielsituation die Schüler dazu auf, die Orientierung nicht zu verlieren. Sie müssen lernen, Partner und Gegner zu erkennen, Freiräume zu sehen und sich im Spielfeld zu orientieren. Die kleinen Ballspiele eröffnen im Vergleich mit den großen Ballspielen die Möglichkeiten, Partner und Gegner räumlich zu trennen, den Ball in variable Ziele zu befördern, die Feldgröße zu verändern, den Störeinfluß des Gegners einzuschränken u.ä., somit können dem Leistungsstand der Schüler entsprechende Orientierungshilfen eingeplant werden.

Neben der schnellen Erfassung einer Spielsituation lernen die Schüler ebenfalls, schnell zu reagieren, um beispielsweise einen Ball zu erobern. Da bei fast allen Ballspielen die Genauigkeit des Wurfes bzw. des Zuspiels zum Partner erforderlich ist, wird mit Ballspielen ebenfalls die Differenzierungsfähigkeit verbessert.

Besonders gut läßt sich die Orientierungsfähigkeit durch variantenreiches Rollen um die Körperlängs- und -querachse schulen. Unterrichtsanregungen zu diesem Thema sind unter Verzicht auf Systematik im Kapitel 1.3 "Rollen in verschiedenen Variationen" zusammengefaßt.

1.1 Ballprellen

1

Ballprellen im Gehen und Laufen:

In begrenzten Räumen, hoch, tief, mit der rechten/linken Hand, beidhändig, schnell, langsam, vorwärts, rückwärts, mit dem Fuß etc. ohne den Ball zu verlieren und ohne mit anderen Kindern zusammenzustoßen.

2

Ballprellen im eingeengten Spielfeld:

Das Spielfeld nach und nach verkleinern.

3

Ballprellen mit Begrüßen:

Durcheinandergehen (-laufen), dabei den Ball prellen. Begegnen sich zwei Schüler, so begrüßen sie sich, beispielsweise mit Händeschütteln, und prellen dabei fünfmal gemeinsam den Ball oder schütteln die Hände und wechseln die Bälle usw. Selbstverständlich kann die Begrüßungsart weiter variiert werden.

4

„Zauberer und Erlöser" mit Ballprellen:

Alle Schüler prellen den Ball. Fünf und mehr durch Bändchen gekennzeichnete "Zauberer" versuchen, durch Abschlagen andere Kinder zu verzaubern. Verzauberte Kinder bleiben stehen und halten ihren Ball mit beiden Händen auf dem Kopf fest. Sie können "erlöst" werden, indem freie Mitspieler beispielsweise einmal um sie herumdribbeln.

5

Prellen mit „Balldieb":

2 bis 5 Schüler ohne Ball versuchen, prellenden Kindern den Ball wegzuschlagen, ohne sie zu berühren. Kinder, die ihren Ball verloren haben, werden zu neuen "Balldieben".

„Oktopussi“ - Ballprellen:

Die Hälfte der Klasse setzt sich gleichmäßig verteilt auf das Spielfeld und übernimmt die Aufgabe von Kraken ("Oktopussis"), die sitzend ihre "Fangarme" bewegen und versuchen, die prellenden Kinder zu stören (Füße fassen und Bein stellen ist nicht erlaubt). Die andere Hälfte hat die Aufgabe, zwischen den "Oktopussis" zu dribbeln, ohne den Ball zu verlieren (nach ca. 2 Minuten: Gruppenwechsel).

6

Zusammenbleiben:

Zwei Schüler prellen den Ball hintereinander erst im Gehen, später auch im Laufen. Sie sollen versuchen, zusammenzubleiben und Zusammenstöße mit anderen Paaren zu vermeiden. Der Lehrer bestimmt den Führungswechsel.

7

„Zahlensehen“:

Ein Schüler läuft vor und zeigt mit den Fingern hinter seinem Rücken verschiedene Zahlen an. Der Partner folgt ballprellend und ruft diese Zahlen. Nach dem Anzeigen beispielsweise von fünf Zahlen tauschen die Partner ihre Rollen.

8

Ketten bilden:

Durcheinander dribbeln, auf ein Zeichen des Lehrers werden Ketten gebildet, wobei die Schüler zu zweit, zu dritt usw. hinterherlaufen und dabei versuchen, den Ball weiter zu prellen, ohne daß die Kette reißt.

9

Seitenwechsel:

Zwei Gruppen ballprellender Kinder wechseln die Seiten, ohne den Ball zu verlieren und ohne zusammenzustoßen. Es ist sinnvoll, den Seitenwechsel erst im Gehen zu beginnen.

10

11

Seitenwechsel mit Zusatzaufgaben:

Wie vorher, jedoch mit Zusatzaufgaben, wie einmal drehen, sich hinlegen und wieder aufstehen, den Ball hochwerfen - fangen - weiterprellen usw. im Bereich der Mittellinie.

12

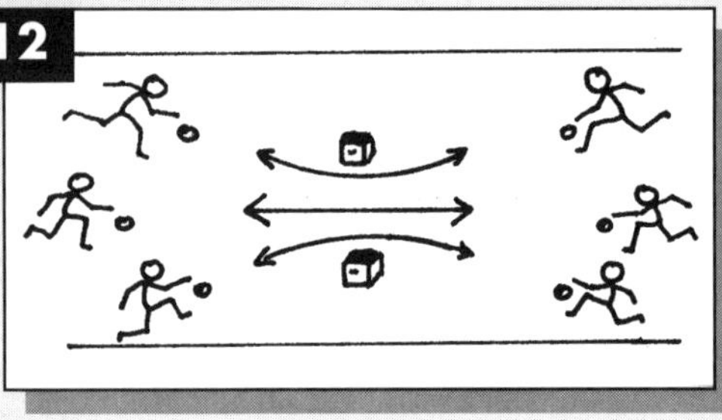

Prellen durch eine Gasse:

Zwei Gruppen wechseln die Seiten erst im Gehen, später auch im Laufen. Die Gasse in der Mitte wird immer enger.

Variante: mit Zusatzaufgaben in der Gasse

13

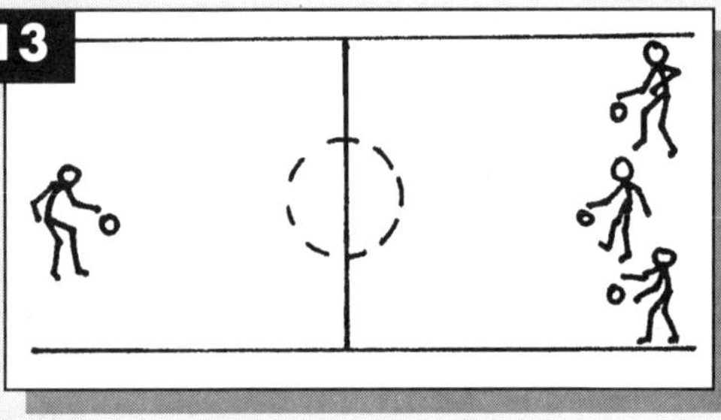

„Schwarzer Wolf" mit Ballprellen:

Der "Schwarze Wolf" steht allen anderen Schülern gegenüber jeweils an der Hallenwand. Alle Schüler sind im Ballbesitz. Der "Schwarze Wolf" ruft: "Wer hat Angst vorm Schwarzen Wolf?" Die Läufer antworten: "Niemand" und versuchen ballprellend die gegenüberliegende Seite zu erreichen. Auch der "Schwarze Wolf" macht sich ballprellend auf den Weg und versucht, einige Kinder abzuschlagen, die dann ebenfalls zu Fängern ("Schwarzen Wölfen") werden. Damit die Fänger besser erkennbar sind, ist es empfehlenswert, sie z.B. mit Parteibändern zu kennzeichnen. Das Spiel ist zu Ende, wenn beispielsweise mehr als die Hälfte der Spieler Fänger sind.

14

„Brückenwächter":

Die Spieler versuchen, die Brücke im Dribbling zu überqueren, ohne vom Brückenwächter abgeschlagen zu werden. Abgeschlagene Spieler werden Brückenwächter. Die Brückenwächter dürfen ihre Brücke nicht verlassen.

„Haltet das Feld frei“:

Die Sporthalle wird durch Bänke oder eine (ca. 40 cm hohe) Zauberschnur in zwei Felder geteilt, in denen sich jeweils eine Mannschaft befindet. Für jedes Kind ist mindestens ein Ball vorhanden.

Jede Gruppe versucht, das eigene Feld möglichst von Bällen freizuhalten. Dabei sollten die Bälle entweder über oder unter den Bänken (der Zauberschnur) gespielt werden. Das Spiel wird vom Lehrer nach 1 bis 2 Minuten beendet. Nach dem Abpfiff legt sich jedes Kind sofort auf den Bauch. Es darf kein Ball mehr geworfen oder gerollt werden.

Die Mannschaft hat gewonnen, die am wenigsten Bälle in ihrem Feld hat. Das Spiel sollte eher kurz gespielt werden, dafür aber mehrmals wiederholt werden.

Varianten: Der Lehrer gibt vor, wie der Ball in das andere Feld gespielt wird, z.B.

...rolle den Ball nur mit der linken/rechten Hand

...rolle den Ball beidhändig rückwärts durch die Beine

...spiele den Ball mit dem linken/rechten Bein unter den Bänken

...wirf den Ball mit einer Hand/beidhändig über die Bänke

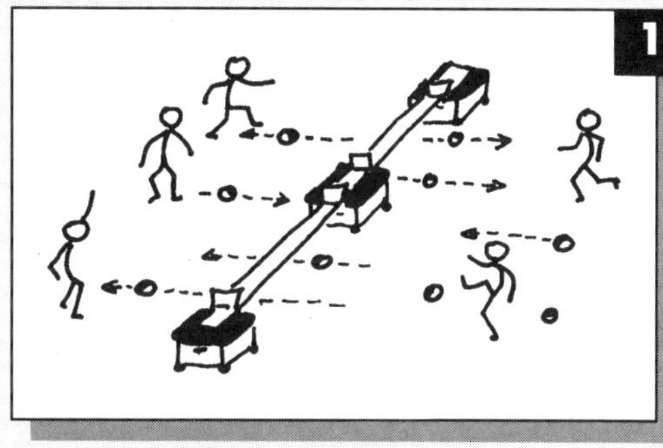

15

Haltet das Feld frei mit „Balldieb“:

Jede Mannschaft hat einen “Dieb” im gegnerischen Feld, der versucht, die von seiner Mannschaft gespielten Bälle zu erobern und in den Kasten zu legen. Eroberte Bälle sind “tot”.

Variante: Zahl der Diebe erhöhen

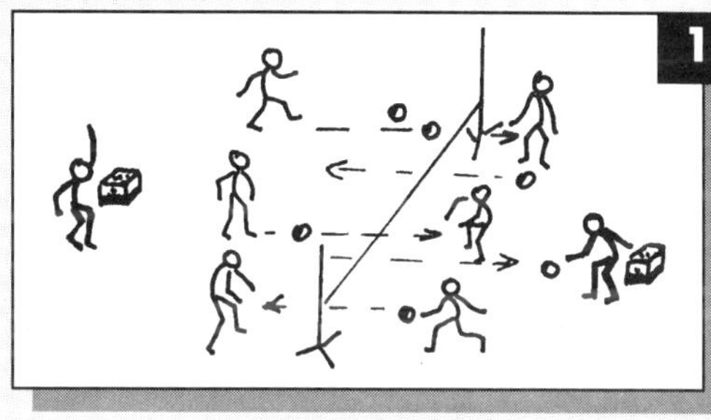

16

Ball unter die Schnur:

Zwei Mannschaften sind durch eine ca. 40 cm hohe Zauberschnur getrennt. Sie versuchen, den Ball so zu rollen, daß er die gegenüberliegende Hallenseite berührt. Das Spiel sollte mit einem Ball eingeführt werden, später sind bis zu fünf Bälle zu verwenden, damit das Spiel bewegungsintensiv bleibt.

Variante: An den Stirnseiten der Halle mit Hütchen Tore markieren. Wenn der Ball ins Tor rollt, zählt dies zwei Punkte.

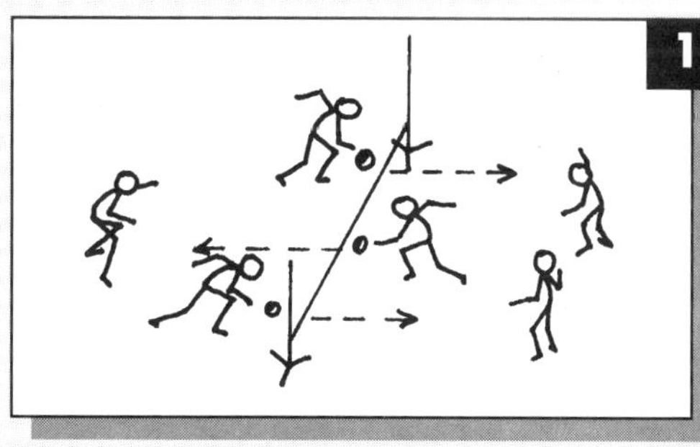

17

„Drei-Felder-Ball“ in eine Richtung:

Alle Bälle (mindestens 30, besser noch mehr) sind im Hinterfeld der Mannschaft A 1, z.B. hinter einer Bank, abgelegt. Die Spieler der Mannschaft A 1 versuchen, alle Bälle der Mannschaft A 2 zuzuspielen. Die Spieler der Mannschaft B versuchen, das zu verhindern und die Bälle zu fangen.

Das Zuspiel kann festgelegt werden (z.B. den Ball mit der rechten/linken Hand rollen oder werfen, mit dem rechten/linken Fuß spielen, usw.).

Von A 2 und B eroberte Bälle werden getrennt in Kästen gelegt. Regelmäßiger Mannschaftswechsel.

Variante: Das Mittelfeld verkleinern/verbreitern.

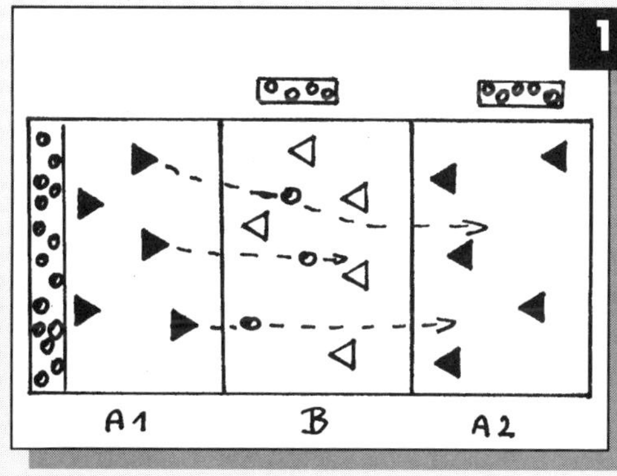

18

19

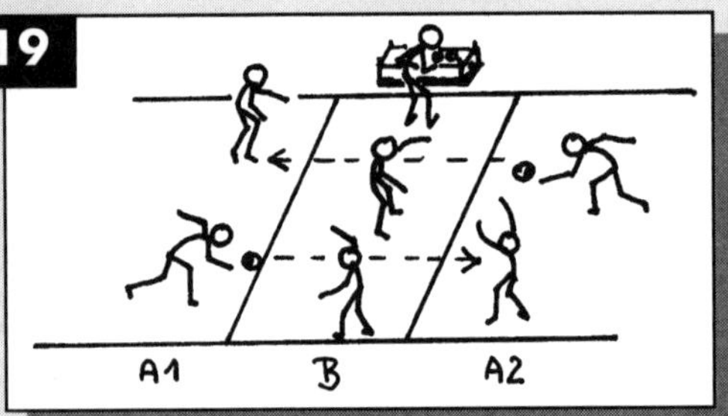

„Drei-Felder-Ball“:

Mannschaft A ist etwa gleichmäßig verteilt in den beiden Außenfeldern. Jeder Spieler der Mannschaft A hat einen Ball, den er versucht, in das andere Außenfeld zu rollen. Die Spieler der Mannschaft B befinden sich im Feld dazwischen und versuchen, in einer vorgegebenen Zeit (2 bis 4 Minuten) möglichst viele Bälle abzufangen. Die Mannschaften wechseln regelmäßig ihr Feld.

20

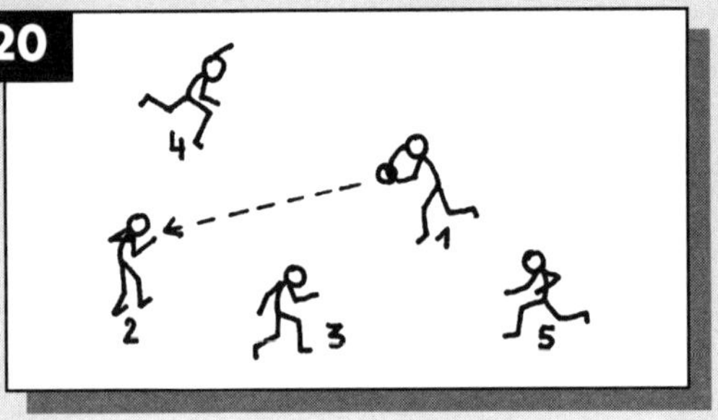

Zuspiel aus der Bewegung:

Drei bis sechs Schüler bewegen sich frei in einem Spielfeld und spielen sich einen Ball zu. Vor dem Abspiel sollten die Schüler miteinander Blickkontakt aufnehmen.

Variante: Die Reihenfolge des Abspiels wird innerhalb der Gruppe festgelegt.

21

„Parteiball“:

Es spielen zwei zahlenmäßig gleich starke Mannschaften von 2 bis 13 Spielern gegeneinander. Die ballbesitzende Mannschaft versucht, sich den Ball so oft wie möglich zuzuspielen. Mit dem Ball in der Hand dürfen nicht mehr als drei Schritte gelaufen werden; Spieler ohne Ball dürfen sich im ganzen Spielfeld bewegen. Die Gegenpartei ist bemüht, selber den Ball zu erobern, um anschließend ihrerseits möglichst viele Zuspiele zu erreichen.

Welche Mannschaft schafft es, am längsten im Ballbesitz zu bleiben? Folgende Regeln können nach und nach eingeführt werden:

a) Der Gegner darf nicht festgehalten oder gestoßen werden,

b) der Ball darf den Gegner nur aus den Händen "genommen" werden, ohne dabei den Körper zu berühren,

c) der Ball darf nicht länger als 5 sec in den Händen gehalten werden.

Variante: Jeder Ballfang wird laut gezählt. Gelingen einer Mannschaft fünf Zuspiele hintereinander, so erhält sie einen Punkt und darf das Spiel weiter fortsetzen.

22

„Parteiball“ über die Schnur:

Das Spielfeld ist durch eine ca. 2 m hohe Leine geteilt. In jedem Feld befindet sich die Hälfte der Spieler beider Parteien (z.B. 2 gegen 2 in einem Feld). Nun wird nach bekannten Regeln Parteiball gespielt. Punkte können aber nur erzielt werden, wenn der Ball über die Leine einem Mitspieler in der anderen Hälfte zugespielt wird und dieser den Ball fängt. Natürlich ist auch das Zuwerfen innerhalb einer Spielhälfte erlaubt, um die beste Zuspielmöglichkeit zur anderen Seite zu suchen; doch werden dafür keine Punkte angerechnet.

„Mattenball“:

Parteiballspiel (3 gegen 3 bis 6 gegen 6): Jede Mannschaft versucht, den Ball auf die Weichbodenmatte der gegnerischen Mannschaft zu legen.

Variante: Bei Erfolg erreicht eine Mannschaft so viele Punkte wie vorher Pässe gespielt wurden. Die Schüler zählen die Pässe laut mit.

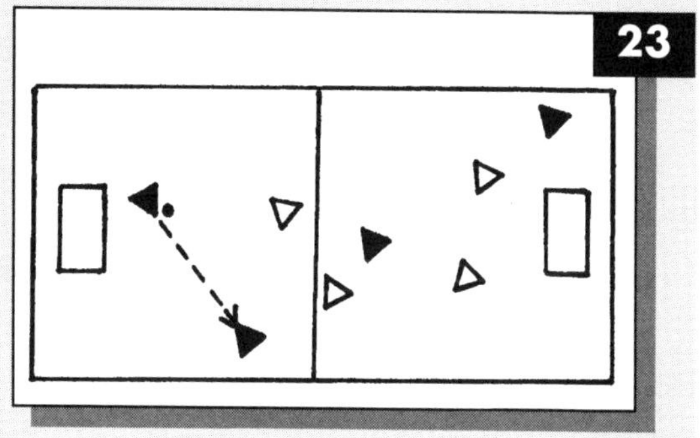

23

„Kastenmann“:

An den Stirnseiten des Spielfeldes steht ein Spieler auf einem kleinen Kasten. Punkte erzielt die Mannschaft, die es schafft, nach selbst festgelegten Regeln ihrem "Kastenmann" den Ball zuzuspielen. Gleichzeitig auf mehreren Kleinfeldern spielen lassen.

Variante: Der Kastenmann hält einen Eimer .. Hütchen ... in den Händen. Punkte werden erzielt, wenn der Ball im Eimer .. Hütchen ... landet.

24

Basketball mit beweglichem Korb:

Zwei Mannschaften (4 gegen 4) spielen nach selbst festgelegten Regeln gegeneinander. Jede Mannschaft hat einen Spieler, der sich beispielsweise mit einem Eimer oder einem Hütchen in der Halle frei bewegen kann. Punkte erzielt die Mannschaft, die es schafft, den Ball in den Eimer .. Hütchen des eigenen Spielers unterzubringen.

25

Ball über die Schnur:

Zwei Mannschaften versuchen wechselseitig, den Ball so über eine Zauberschnur (oder ein Baustellenband) zu werfen, daß er im gegnerischen Feld auf den Boden fällt. Die Gegenmannschaft kann Punkte erzielen, wenn die eigene Mannschaft

a) den Ball im eigenen Feld auf den Boden fallen läßt,

b) den Ball unter der Schnur hindurch wirft oder beim Wurf die Schnur berührt,

c) den Ball außerhalb des gegnerischen Feldes auf den Boden wirft.

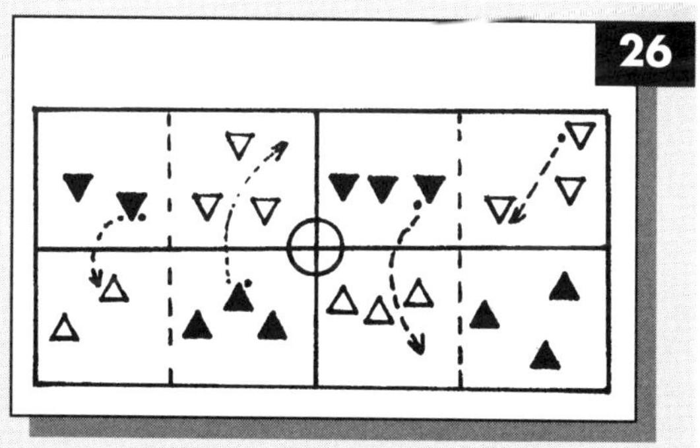

26

Gespielt wird auf Zeit (z.B. 2 x 5 Minuten oder alle 5 Minuten wechseln die Mannschaften ihren Gegner) oder nach Punkten (z.B. welche Mannschaft erreicht als erste 20 Punkte). Um eine ausreichende Bewegungsintensität zu erreichen, ist es empfehlenswert, auf mehreren Feldern gleichzeitig in Kleingruppen (2:2 bis 4:4) zu spielen.

Varianten: Mindestens einmal abgeben ist Pflicht; regelmäßiger Platzwechsel innerhalb der Mannschaft.

27

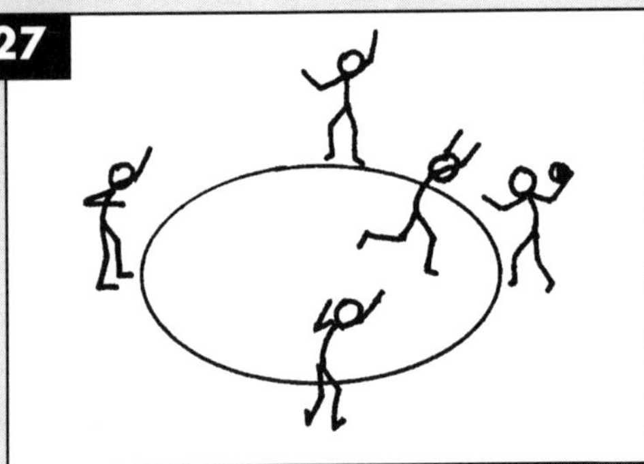

„Tigerball“:

In Kreisform stehende Schüler spielen sich den Ball kreuz und quer zu. Im Kreis befindet sich der “Tiger”, der versucht, den Ball zu berühren oder zu fangen.

Variante: Die Anzahl der “Tiger” kann erhöht werden.

28

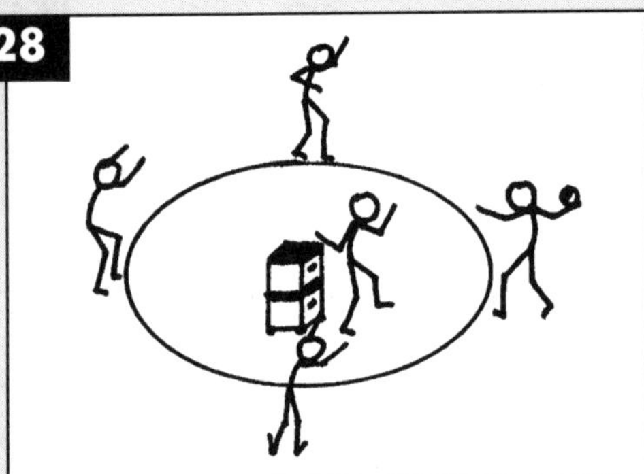

„Burgball“:

Ein Spieler bewacht im Innern des Kreises seine “Burg” (zwei aufeinander stehende kleine Kästen oder einen Turm aus vier Medizinbällen, die auf einem kleinen Kasten liegen oder eine Pyramide aus vier Stäben, die mit einem kleinen Gummiring an der Spitze festgehalten werden etc.). Die außerhalb des Kreises stehenden Schüler versuchen, durch geschicktes Abspielen, den “Burgwächter” auszuschalten und die “Burg” zu treffen. Der Lehrer kann eine Mindestzahl an Abspielen festlegen, bevor auf die “Burg” geworfen werden darf. Der Lehrer legt den Wechsel des “Burgwächters” fest.

29

„Schweinetreiben“:

Alle verfügbaren Bälle (Gymnastik-, Schlag-, Soft-, Medizin-, Basketbälle etc.) liegen in der Halle verteilt. Jeder Schüler erhält einen Stab und beginnt, die “Schweine” (Bälle) zu treiben (nicht zu schlagen, Verletzungsgefahr !!!). Daraus entwickelt sich ein Spiel, das öfters variiert werden kann:

- Die “Schweine” müssen in Ställe getrieben werden (auf dem Boden liegende Reifen).
- Die “Schweine” müssen sortiert nach Farben oder Größe in die Ställe getrieben werden; dabei sollte der Stab ständig am Ball geführt werden.
- Die “Schweine” müssen in die gegenüberliegenden Ställe getrieben werden. Ein bis drei “Schweinediebe” versuchen, freilaufende “Schweine” zu erobern: Welche Gruppe verliert nach einem Stallwechsel die wenigsten “Schweine”?
- Jede Gruppe wird anderen “Schweinen” (anderen Ballgruppen) zugeordnet.
- Die “Schweine” müssen gleichmäßig auf zwei verschiedene Ställe verteilt werden.
- Die Schüler organisieren ein Schweinerennen.

1.3 Rollen in verschiedenen Variationen

Durcheinanderlaufen zwischen den Matten:

Dabei fünf verschiedene Matten mit der Hand berühren, auf der sechsten aus dem Stand beliebig abrollen bzw. abwälzen. Wenn notwendig, vor dem Abrollen Blickkontakt zu anderen Schülern aufnehmen.

30

„Zauberer und Erlöser“:

Mehrere Zauberer können durch Abschlagen andere Schüler “verzaubern”. Verzauberte Kinder legen sich auf den Bauch vor eine Matte und können befreit werden (“erlöst”), wenn ein anderer Schüler über sie hinweg aus dem Stand beliebig abrollt. Die Schüler dürfen sich nur von einer Seite vor eine Matte legen, gegebenenfalls aber auch neben- bzw. übereinander.

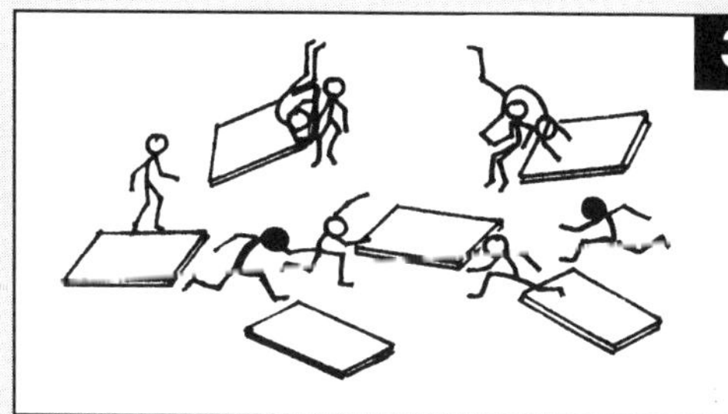

31

Erlernen der Diagonalrolle vorwärts:

Der Lehrer erklärt und demonstriert selbst oder läßt einen Schüler vormachen. Anschließend üben die Schüler frei auf mehreren in der Halle verteilten Matten. Der Lehrer gibt Hilfen und Einzelkorrekturen. Diagonalrolle zu erlernen ist leichter als Rolle vorwärts.

Demonstration einer Diagonalrolle über die rechte Schulter:

32

Schrittstellung mit rechtem Bein vorne einnehmen, linke Hand auf den Boden legen, das Gewicht langsam nach vorne verlagern, über die rechte Schulter abrollen. Zu Beginn des Abrollens zeigen die Finger der rechten Hand nach hinten.

Analog Diagonalrolle über die linke Schulter.

Diagonalrolle auf einer Mattenfläche:

Die Schüler nehmen in zwei Gruppen Aufstellung laut Skizze. Es wird im Wechsel rechts und links gestartet. Aus dem Gehen oder aus dem Laufen führt jeder Schüler nacheinander zwei Diagonalrollen vorwärts aus und stellt sich jeweils bei der anderen Gruppe an. Die Schüler starten links und rechts im Wechsel.

33

Rollen von einer Bank:

Nach einem Anlauf über eine Bank und einbeinigem Abstoß: Rolle vorwärts .. Diagonalrolle vorwärts über die rechte und linke Schulter ..

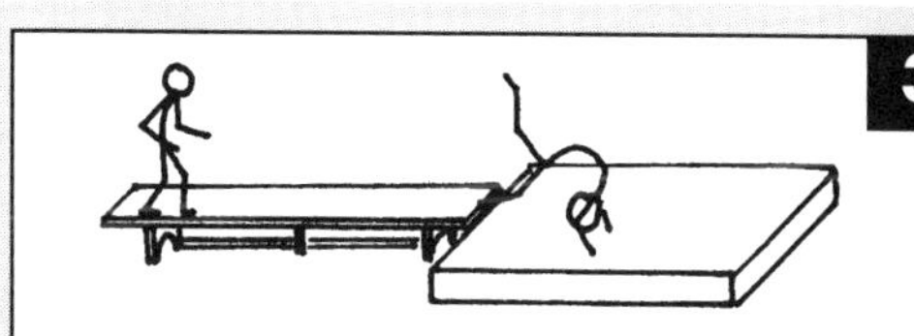

34

Rollen aus dem Stolpern:

Aus dem Gehen oder aus einem kurzen Anlauf über einen Medizinball stolpern, beliebig vorwärts auf eine Mattenbahn abrollen

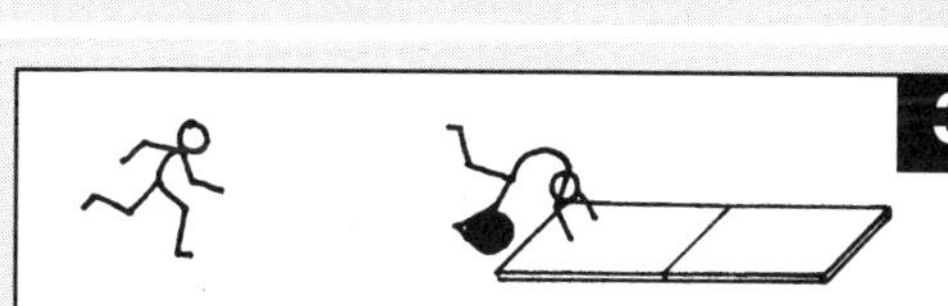

35

Rollen in verschiedenen Variationen

36

Rollbahn (Sprungbrett, Matten):

Bewegungsspiele: Herunterpurzeln, Rolle vorwärts, zwei Rollen hintereinander ...

37

Rollbahn (Kastenteil, Kastendeckel, Matten):

Bewegungsbeispiele: Balancieren über Kastenränder mit anschließender Rolle vorwärts oder Rolle rückwärts ...

38

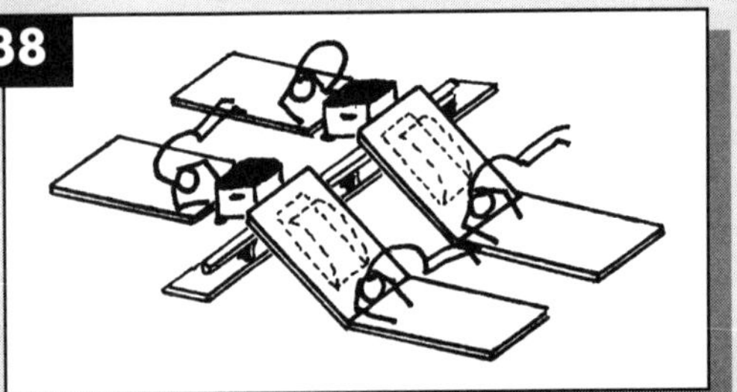

Rollbahn (Eine Bank, zwei Sprungbretter, Matten, zwei kleine Kästen):

Bewegungsbeispiele: Die Bahn hinab- oder hinaufrollen, auf dem Kniestand vom kleinen Kasten abrollen, sich vom Partner hinaufrollen lassen ...

39

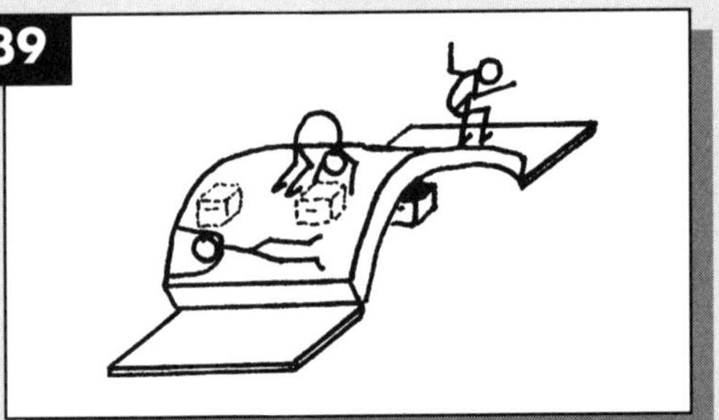

Kleiner Turnberg (Drei kleine Kästen, Niedersprungmatte, Matten):

Bewegungsbeispiele: Verschiedene Rollen bergauf/bergab, “sich kugeln lassen”, Hüpfen, Springen bergauf/bergab ...

40

Großer Turnberg (Großer Kasten, sechs Bänke, zwei Niedersprungmatten, Matten):

Bewegungsbeispiele: Verschiedene Rollen bergauf, bergab, Kopfüberschläge, Rad, Radwende mit anschließender Rolle rückwärts, Rolle über “Bergspitze” ...

Turntal (Zwei große Kästen, sechs Bänke, zwei Niedersprungmatten, Matten):

Bewegungsbeispiele: Rollen bergab, bergauf, sich vom Partner hinaufrollen lassen ...

41

Große Rollbahn (Großer Kasten, drei Bänke, eine oder zwei Niedersprungmatten, Matten):

Bewegungsbeispiele: Rollen vorwärts, rückwärts, um die Längsachse, Judorolle, Abrollen aus dem Handstand, Rolle mit gegrätschten, gestreckten Beinen ...

42

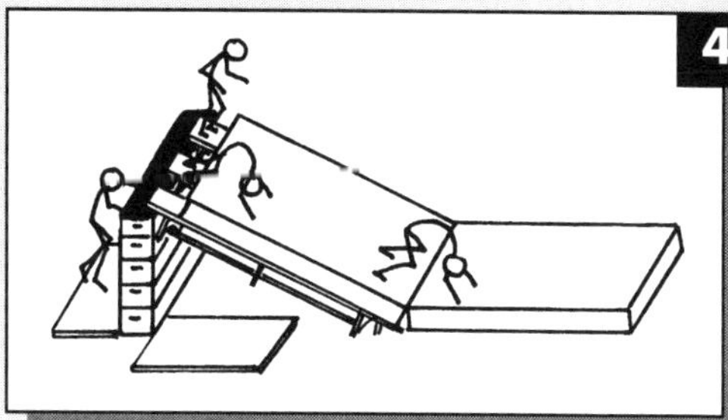

Rollen bergab auf der schiefen Ebene (Sprossenwand, drei Bänke, Turnmatten, Niedersprungmatte):

Bewegungsbeispiele: Rollen vorwärts .. rückwärts .. um die Längsachse .. diagonal vorwärts .. diagonal rückwärts .. mehrere Rollen hintereinander .. sich kugeln lassen ..

43

Kleine Roll- und Rutschbahn (Sprossenwand, zwei Bänke, kleiner Kasten, Niedersprungmatte, eventuell Turnmatten):

Bewegungsbeispiele: Bankab gehen/laufen mit abschließender Rolle, Rutschen auf dem Bauch, im Sitzen, vorwärts, rückwärts, eine Bank hochlaufen, über die Sprossen zur anderen Bank klettern, runterrutschen, auf dem Bauch runterrutschen mit abschließender Rolle vorwärts ...

44

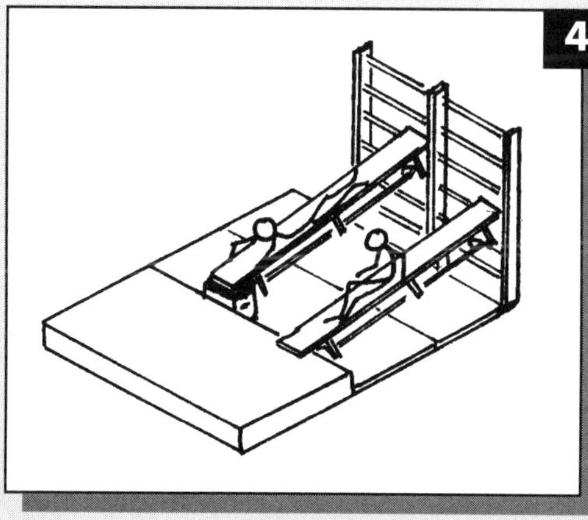

Rollen in verschiedenen Variationen

45

Großer Berg (Barren, zwei oder vier Bänke, Turnmatten, Niedersprungmatte(n)):

Bewegungsbeispiele: Übergehen/Überlaufen eines Barrens mit anschließender Rolle ...

2. Schulung der Reaktionsfähigkeit

Die Unterrichtsanregungen zur Verbesserung der Reaktionsfähigkeit beschränken sich in diesem Abschnitt auf zwei Themenbereiche:

1. Lauf- und Fangspiele
2. Reaktionsspiele mit dem Ball.

Einige der Lauf- und Fangspiele verbessern nicht nur die Reaktionsfähigkeit, sondern auch die Orientierungsfähigkeit der Schüler. So lernen sie während des Spiels,

- schnell anzutreten und eine kurze Laufstrecke mit hohem Tempo zu bewältigen,
- das Lauftempo zu variieren: schnell und langsam zu laufen, abzustoppen oder die Laufrichtung zu ändern,
- auf Überraschungen zu reagieren, aber auch
- die Fänger zu beobachten, um eventuell schnell zu reagieren und sich in Sicherheit zu bringen,
- so zu laufen, daß es zu keinen Zusammenstößen kommt,
- auf ihre Mitspieler zu achten, um eventuell Hilfestellung zu leisten,
- Hindernisse zu erkennen und ihnen auszuweichen.

Es wird empfohlen, den Schwierigkeitsgrad der Spiele nach und nach zu steigern, indem z.B. die Anzahl der Fänger verändert wird. Die Schüler lernen sehr schnell, das Spiel so zu gestalten, daß es zu keinen gefährlichen Zusammenstößen kommt, und das Spiel gewinnt erheblich an Attraktivität.

Lauf- und Fangspiele sind in der Regel sehr belastungsintensiv. Kinder können sich für einen bestimmten Zeitraum sehr hoch belasten, um dann nach einer kurzen Erholungsphase wieder voll leistungsfähig zu sein. Bei Erwachsenen gilt dagegen: Je höher und länger die Belastungsintensität ist, um so längere Pausen werden benötigt.

Im Anschluß daran ist oft eine hohe Bewegungsintensität nicht mehr möglich. Die von Kindern benötigten Erholungspausen ergeben sich oft aus dem Spielverlauf, man kann sie auch durch Unterbrechungen gewährleisten, in denen man die Schüler durch Hinweise, Korrekturen oder neue Varianten für das Weiterspielen motiviert.

Das Spiel “Zauberer und Erlöser” könnte z.B. durch folgende Anweisungen variiert werden:

- “Beim Spiel habe ich Kinder beobachtet, die nur bemüht waren, sich vor dem Zauberer zu retten und kein einziges Kind erlöst haben.
  Ich bin neugierig, ob Ihr das beim nächsten Mal besser macht.”
- “Das habt Ihr so gut gemacht, daß die drei Zauberer, obwohl sie sich sehr angestrengt haben, nicht geschafft haben, alle Kinder zu verzaubern. Beim nächsten Durchgang nehmen wir noch einen Zauberer dazu und schauen, ob sie es dann schaffen.”
- “Die Zauberer haben es geschafft, alle Kinder zu verzaubern. Mir fällt auf, daß einige Kinder Schwierigkeiten haben, verzauberte Kinder zu erkennen und sie dann zu befreien. Beim nächsten Spiel klatschen verzauberte Kinder mit den Händen über den Kopf und rufen laut um Hilfe.”

Auf diese Art und Weise kann jedes beliebige Lauf- und Fangspiel, das normalerweise sehr schnell beendet wäre, unter Umständen 15 Minuten und länger mit großer Begeisterung gespielt werden.

Weitere Beispiele zur Reaktionsschulung mit dem Ball sind im Abschnitt 2.2 zusammengefaßt.

46

„Familie Meier macht einen Ausflug“:

Die Schüler sitzen auf parallel stehenden Bänken hintereinander. Sie werden eingeteilt in Frau Meier, Herr Meier, Kinder Meier, Oma Meier, Opa Meier usw.

Der Lehrer erzählt, daß Familie Meier einen Ausflug plant und so schnell wie möglich alle Vorbereitungen treffen will.

Jeder Schüler muß beim Aufruf eine Runde um die Bank laufen und sich hinten wieder auf die Bank setzen. Um den Laufweg zu verlängern, können hinter jede Bank Umlaufmarkierungen gesetzt werden.

Der Lehrer sagt nun in schneller Folge, daß

- Herr Meier das Auto putzt,
- Frau Meier die Brote schmiert,
- Kinder Meier aufräumen usw.

Die Aufgerufenen springen los, laufen eine Runde um die Bank und setzen sich hinter die inzwischen aufgerückten Schüler. Es soll nicht immer nur der jeweils vorderste Schüler aufgerufen werden.

47

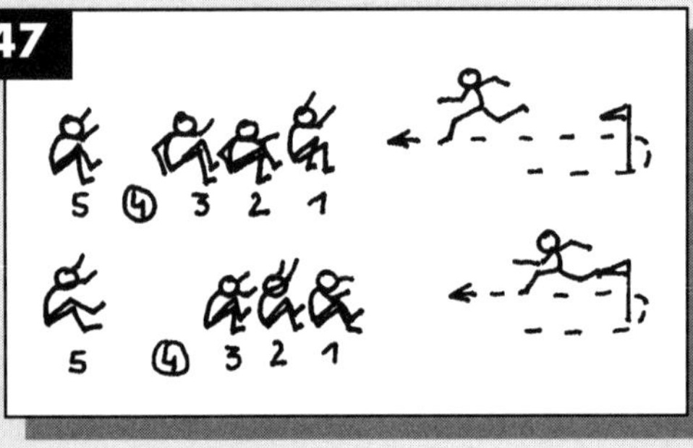

Nummernwettlauf um Male:

Mehrere gleich starke Gruppen nehmen Aufstellung hinter der Startlinie. Die Schüler jeder Gruppe werden durchnumeriert. Jeder Schüler merkt sich seine Zahl. Der Lehrer ruft eine dieser Zahlen auf und die entsprechenden Schüler durchlaufen eine festgelegte Strecke. Das Spiel gewinnt an Bewegungsintensität, wenn der Lehrer nicht nur eine Zahl aufruft, sondern gleichzeitig zwei oder drei. Er kann auch neue Zahlen aufrufen, obwohl sich noch Kinder auf der Laufstrecke befinden.

48

Nummernwettlauf im Viereck:

Wie vorher, nur die Schüler sitzen auf einer Matte und umrunden das Viereck aus Matten.

Sechstagerennen:

Etwa die gleiche Anzahl Schüler sitzt auf jeweils einer Bank. Die Mannschaften sind durch farbige Bändchen gekennzeichnet. Es laufen gegeneinander jeweils die sich gegenüber sitzenden Mannschaften. Der erste läuft mit dem Staffelstab um die Bänke herum zu seiner Mannschaft zurück und übergibt den Stab an den zweiten usw. Spielende ist, wenn der Läufer der einen Partei den Läufer der Gegenpartei eingeholt hat bzw. wenn jeder sechsmal (sechs Tage) gelaufen ist.

49

Schattenlaufen:

Die Schüler laufen paarweise durch die Halle. Der vordere versucht, durch Täuschungen, Richtungsänderung, Tempowechsel es seinem "Schatten" so schwer wie möglich zu machen, hinter ihm herzulaufen. Der vordere Läufer sollte seinem "Schatten" immer wieder die Möglichkeit einräumen, zu ihm aufzuschließen. Der Lehrer gibt an, wann und wie oft die Schüler ihre Rollen wechseln.

50

Laufübungen mit dem Partner:

Paarweise durch die Halle laufen. Auf Kommando "eins" stoppt der vordere und grätscht die Beine, der hintere kriecht hindurch; auf Kommando "zwei" überholt der hintere seinen Partner und übernimmt die Führung; auf Kommando "drei" läuft der vordere weg, der hintere versucht, seinen Partner abzuschlagen. (Die Schüler auf mögliche Zusammenstöße aufmerksam machen.) Selbstverständlich können die Aufgabenstellungen variieren.

51

„Autofahren/Motorradfahren":

Ein Auto hat einen Rückwärtsgang und fünf Vorwärtsgänge. Im ersten Gang fährt es langsam, im fünften Gang sehr schnell. Alle Kinder sind Autos und fahren (laufen) in dem Gang, den der Lehrer angibt, in der Halle durcheinander, bleiben vor einer roten Ampel stehen, parken ein usw. Die Schüler sollten Autogeräusche nachmachen. Sie können einen Reifen als Lenkrad/einen Stab als Lenker benutzen.

52

53

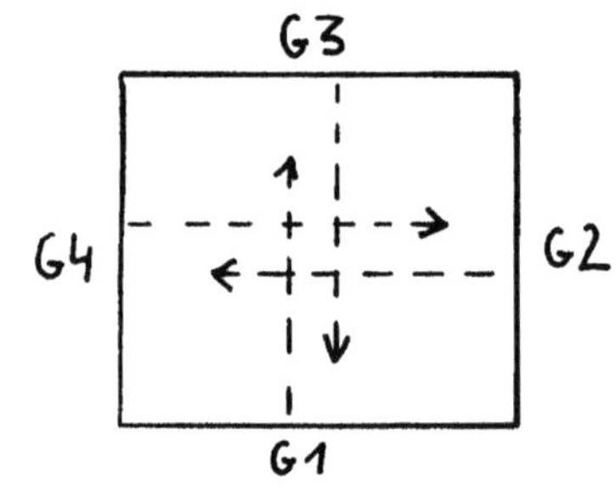

Laufübungen in Gruppen:

Vier Gruppen nehmen Aufstellung an den Seiten eines Volleyballfeldes. Auf ein optisches oder akustisches Zeichen des Lehrers wird zur gegenüberliegenden Seite gewechselt; Zusammenstöße mit Schülern aus anderen Gruppen müssen vermieden werden.

Denkbare Aufgaben:
a) Es laufen zuerst G 1, dann G 3, dann G 2, dann G 4,
b) gleichzeitig G 1 und G 3, dann G 2 und G 4,
c) bis zur Mitte laufen (schnell/langsam), stoppen, rückwärts (schnell/langsam) zurück, Reihenfolge wie a) und b).

54

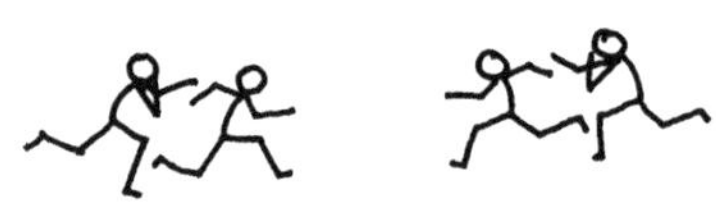

„Elefantenfangen“:

Ein Elefant ist der Fänger (eine Hand hält die Nase, der freie Arm wird durch den anderen hindurch gesteckt). Wer abgeschlagen ist, wird selbst zum Elefanten.

55

Rettungs-Spiel:

Ein Kind oder mehrere Kinder sind Fänger und versuchen, die Mitschüler abzuschlagen. Wer abgeschlagen ist, wird Fänger. Ein verfolgter Schüler kann sich retten, indem er auf sich aufmerksam macht und laut "Rettung" ruft. Ein weiterer Spieler, der ihm die Hände reicht, kann Rettung bringen, denn Spieler, die sich festhalten, sind vor einem Abschlag sicher. Es ist von Vorteil, die Fänger mit einem Parteiband zu kennzeichnen.

56

Bänderfangen:

Jeder Hase steckt sich ein Parteiband so in den Hosenbund, daß es zur Hälfte heraushängt. Ein Jäger trägt sein Parteiband um die Schulter gelegt und versucht, den Hasen die Bänder wegzunehmen. Gelingt ihm das, so wird aus dem Hasen ein Jäger.

Wer behält sein Band bis zuletzt?

57

Kettenfangen:

Die Kinder verteilen sich in der Halle. Ein Fänger wird bestimmt. Dieser Fänger muß zunächst ein weiteres Kind fangen. Die beiden fassen sich an den Händen und versuchen nun gemeinsam, ein weiteres Kind abzuschlagen. Ist der dritte Mitspieler gefangen, wird auch dieser zum Fänger, der sich wiederum in die Kette einreiht. Hat sich auf diese Weise eine Kette von vier Personen gebildet, wird sie geteilt, so daß nun zwei Ketten "auf Jagd" gehen. Das Spiel endet, wenn alle Mitspieler gefangen sind.

„Zauberer und Erlöser“ (paarweise):

Die Schüler gehen paarweise zusammen. Einige Paare werden zu Zauberpaaren bestimmt. Durch Abschlagen können sie andere Kinderpaare “verzaubern”. Verzauberte Paare halten sich an den Händen fest und bilden einen Torbogen. Sie können befreit werden (“erlöst”), wenn ein anderes Paar unter dem Torbogen hindurchläuft.

„Haifischspiel“:

Ein Kind wird zum Hai bestimmt, der die anderen fangen muß. Reifen oder Matten, aber auch Weichboden, Kästen und andere Geräte, die in der Halle verteilt sind, sind Freimale, in die sich die Schüler vor dem Fänger (Hai) retten. Jedes Freimal darf aber nur von einem Schüler besetzt sein. Rettet sich ein anderer Schüler in ein besetztes Freimal, muß der “Besetzer” dieses verlassen.

Abgeschlagene Schüler werden zum neuen Hai. Die Anzahl der “Haie” kann nach und nach erhöht werden.

Hindernishaschen:

Auf dem Spielfeld sind Keulen unregelmäßig verteilt. Einige Schüler werden als Fänger bestimmt. Neben dem einfachen Abschlag gilt auch der Läufer als abgeschlagen, der eine Keule umwirft. Die Anzahl der Fänger kann nach und nach erhöht werden.

„Lauf Hase - sitz Hase“:

Jeder kann jeden abschlagen und mit dem Zuruf “Sitz Hase” den Mitspieler zum Sitzen zu bringen bzw. mit dem Zuruf “Lauf Hase” einen Mitspieler wieder befreien.

Räuber und Polizisten:

Mehrere “Polizisten” fangen “Räuber”, die sie im Mittelkreis der Halle “einsperren”.

Ein “Räuber” kann befreit werden, wenn es einem anderen gelingt, ihm auf die ausgestreckten Hände zu schlagen. Da aber das Gefängnis von Polizisten bewacht wird, ist dies nicht so einfach. Gelingt es den “Polizisten”, alle “Räuber” zu fangen?

Es ist empfehlenswert, die Polizisten mit Parteibändern zu kennzeichnen.

63

„Mir ist so schlecht!“:

Jedem Schüler wird eine Zahl zwischen 1 und 4 genannt, die er sich während des Spiels merken muß.

Die Schüler laufen im selbstgewählten Tempo durcheinander. Der Lehrer ruft eine Zahl zwischen 1 und 4 auf. Die Schüler mit der genannten Nummer bleiben stehen, "krümmen sich vor Schmerzen" und drohen umzufallen. Die anderen sollen möglichst alle "Kranken" auffangen, bevor sie hinfallen.

Variante: Mindestens drei Kinder müssen einen "Kranken" auffangen und ihn in ein "Krankenhaus" (auf eine Matte oder außerhalb des Spielfeldes) transportieren.

64

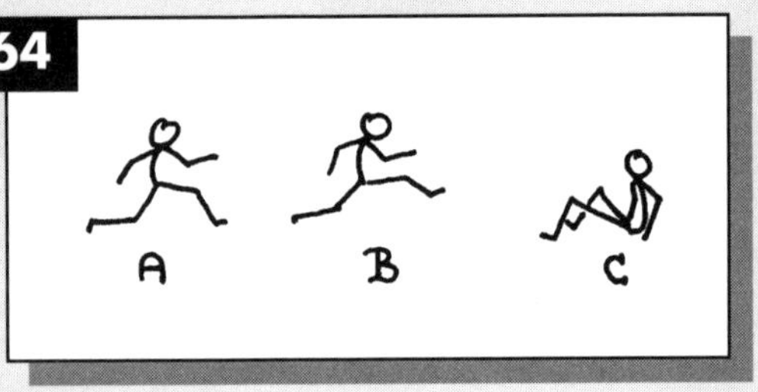

A-B-C-Fangen:

Die Klasse ist in Dreiergruppen aufgeteilt. Jede Dreiergruppe benennt ihre Mitglieder mit A - B - C.

Aufgabe: Innerhalb jeder Dreiergruppe - A fängt B - C hat "Pause"; B fängt C - A hat "Pause"; C fängt A - B hat "Pause"; A fängt B .... usw. Der Schüler, der gerade "Pause" hat, bleibt auf dem Boden sitzen.

65

1-2-3-Fangen:

Die Klasse ist in Dreiergruppen aufgeteilt. Jede Dreiergruppe benennt ihre Mitglieder mit 1 - 2 - 3. Ruft der Lehrer "23", so fangen 2 und 3 mit Handfassung die zugehörige 1; ruft er "13", so fangen 1 und 3 die zugehörige 2.

66

Platz stehlen:

Ein Fänger und ein Läufer werden bestimmt. Die anderen Kinder liegen paarweise auf dem Boden. Der Fänger versucht, den Läufer abzuschlagen. Der Läufer kann sich vor dem Fänger retten, indem er sich neben ein beliebiges Paar auf den Boden legt. In dem Augenblick wird das außen liegende Kind zum neuen Läufer, der sich wiederum retten kann, indem er sich neben ein anderes Paar auf den Boden legt usw.; gelingt es dem Fänger, den Läufer abzuschlagen, so wechseln die Rollen. Das Spiel ist um so lebhafter, je schneller die Läufer Rettung suchen.

Haben die Schüler das Spiel verstanden, dann ist es empfehlenswert, die Anzahl der Fänger nach und nach zu erhöhen.

Befreien durch Würfeln:

67

Zwei bis fünf Fänger versuchen, alle anderen Mitspieler zu fangen. Wer vom Fänger abgeschlagen wurde, muß zur "Spielbank", um dort einmal mit einem großen Schaumstoffwürfel zu würfeln. Erzielt man die Befreiungszahl (z.B. 6), ist man wieder frei. Gelingt es nicht, muß der Spieler auf den nächsten Gefangenen warten, der auch einen Würfelversuch hat.

Regel: Wer die Befreiungszahl würfelt, befreit sich selbst und alle anderen, die zuvor erfolglos gewürfelt haben. Die Fänger sollten nach spätestens 3 Minuten gewechselt werden, wenn es ihnen bis dahin nicht gelungen ist, alle Schüler abzuschlagen.

Variante: Zur Erhöhung der Laufintensität zwei Befreiungszahlen, z.B. 1 und 6 festlegen.

„Oktopussi":

68

"Oktopussi ist eine 'Riesenkrake'". Die Spielidee ist wie beim Spiel "Wer hat Angst vor dem Schwarzen Mann" mit dem Unterschied, daß abgeschlagene Spieler an der Stelle, an der sie gefangen wurden, zu "Kraken" verzaubert sitzen bleiben müssen. Sie dürfen mit ihren "Fangarmen" mitfangen.

Die "Riesenkrake" beginnt das Spiel mit dem Ruf: "Oktopussi", die gegenüber stehenden Kinder antworten: "Pussi, Pussi" und versuchen, die Spielfeldseite zu wechseln.

„Brückenwächter":

69

Die Schüler versuchen, über eine "Brücke" aus Matten (Hütchen) auf die gegenüberliegende Hallenseite zu laufen (vgl. Nr. 14). Ein "Brückenwächter" bewacht die "Brücke". Wem gelingt es, ohne abgeschlagen zu werden, auf die gegenüberliegende Seite zu gelangen? Abgeschlagene Schüler werden zu "Brückenwächtern".

„Brückenwächter" mit zwei Brücken:

70

Je ein "Brückenwächter" bewacht eine Brücke, die aus Hütchen gebildet wird. Bänke teilen das Spielfeld in zwei Hälften. Es wird eine Laufrichtung festgelegt.

Welcher "Brückenwächter" erreicht in 1 Minute die meisten Abschläge? Welcher Läufer erreicht in 1 Minute die meisten Runden? Welcher Läufer erhält bei zehn Runden die wenigsten Abschläge?

Variante: Wie oben, jedoch ohne die Laufrichtung festzulegen.

71

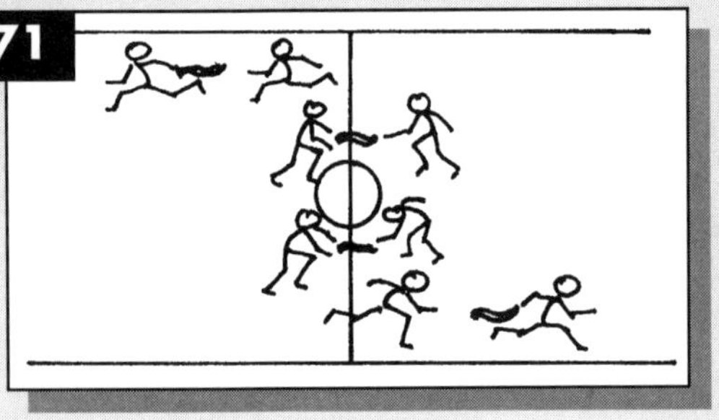

„Bänderdieb“:

Die Schüler stehen sich paarweise jeweils an den Grundlinien des Volleyballfeldes gegenüber. Jedem Paar wird ein Parteiband zugeordnet und auf der Mittellinie abgelegt.

Auf ein Zeichen des Lehrers laufen die Paare aufeinander zu. Die Aufgabe besteht darin, das Parteiband zu ergreifen und es - ohne von seinem Mitspieler abgeschlagen zu werden -, hinter die eigene Volleyballgrundlinie zu bringen. Sieger ist derjenige, der die Aufgabe erfüllt hat bzw. derjenige, der seinen Mitspieler rechtzeitig abgeschlagen hat.

Beim Spiel erweist es sich als ungünstig, so schnell wie möglich zur Mittellinie zu laufen und sofort das Parteiband zu ergreifen, weil man dann mit Leichtigkeit vom Partner abgeschlagen wird. Besser ist es, sich an das Band heranzutasten, durch Täuschungen den Mitspieler zu verunsichern und auf einen günstigen Augenblick zu warten, um das Parteiband in die Hand zu nehmen und wegzulaufen. Da dies jedoch beide Schüler vorhaben, entwickelt sich ein interessantes Reaktionsspiel.

72

Schätze sammeln:

An den Hallenseiten gegenüber liegen beispielsweise hinter einer Bank - gleichmäßig verteilt - verschiedene “Schätze” (Bälle, Keulen, Parteibänder, Hütchen usw.). Es sollten mindestens zwei “Schätze” pro Kind vorhanden sein, besser noch mehr.

Die Schüler werden in zwei gleichstarke Mannschaften geteilt. Die Schüler laufen in die gegenüberliegende “Schatzkammer”, dürfen jeweils nur **einen Schatz** mitnehmen und ihn in die eigene “Schatzkammer” zurückbringen. Welche Mannschaft hat nach 2 bis 3 Minuten die meisten “Schätze” gesammelt?

73

Variation: Schätze sammeln mit Hindernissen:

Auf ihrem Laufweg müssen die “Schätzesammler” eine von ein bis drei Wächtern bewachte Brücke überqueren. Werden sie dabei abgeschlagen, so müssen sie ihren “Schatz” in die Kammer der Brückenwächter ablegen (zwei an den Hallenseiten stehende kleine Kästen), sich einen neuen “Schatz” holen und wiederholt versuchen, die Brücke zu überqueren. Sollten sie ohne “Schatz” abgeschlagen werden, so müssen sie zurückkehren, ihre Bank berühren und erst dann von neuem versuchen, auf die andere Hallenseite zu gelangen.

Welche Mannschaft bzw. welche “Brückenwächter” sammeln die meisten “Schätze”?

2.2 Reaktionsspiele mit dem Ball

Prellen auf Kommando:

Durcheinandergehen (-laufen), dabei den Ball prellen, beim ersten Pfiff "wie vom Blitz getroffen" stehen bleiben und den Ball festhalten und nach zweimaligem Pfeifen weiterprellen.

74

Schattendribbling:

Der vordere Spieler versucht, durch Täuschungen, Richtungsänderungen, Tempowechsel, es dem hinteren Spieler so schwer wie möglich zu machen, hinter ihm zu bleiben. Der vordere Spieler sollte seinem hinteren Partner immer wieder die Möglichkeit einräumen, zu ihm aufzuschließen. Der Lehrer bestimmt den Aufgabenwechsel. Die Aufgabe wird leichter, wenn nur der vordere Spieler im Ballbesitz ist (vgl. Nr. 50).

Achtet darauf, daß Ihr mit anderen Paaren nicht zusammenstoßt!!!

75

Zuspiel zum Partner:

Zwei Schüler versuchen, sich zwei Bälle schnell zuzuspielen.

76

Zuspiel im Dreieck:

Vier Spieler nehmen Aufstellung laut Skizze. Der Spieler A hält zwei Bälle.

A spielt den Ball nacheinander zu B, B spielt abwechselnd zu C und D, C und D spielen zu A.

77

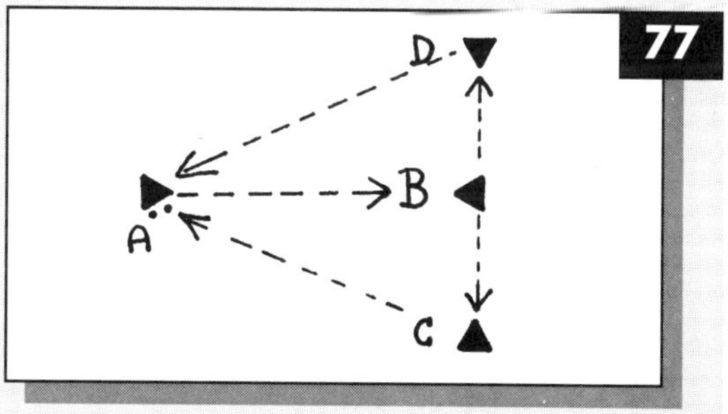

Zuspiel im Viereck:

"Spielt Euch die Bälle in vorgegebener Richtung so zu, daß kein Ball auf die Erde fällt."

Variante: "Spielt Euch zwei Bälle ohne feste Absprache zu. Versucht, das Zuspiel so zu gestalten, daß kein Schüler zwei Bälle gleichzeititg fangen muß".

78

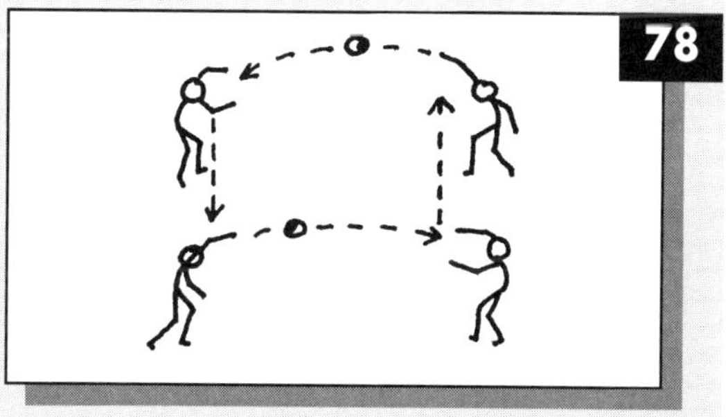

79

Startball:

Die Schüler stehen paarweise nebeneinander an der Grundlinie des Volleyballfeldes. Jedes Paar hat seinen Ball in der Mitte des Spielfeldes liegen. Auf ein Startzeichen laufen die Paare los. Nach Absprache läuft ein Schüler an den Bällen vorbei und versucht, die Gegenseite zu erreichen, der zweite Schüler faßt den Ball und versucht, seinen Partner vor Erreichen der Gegenseite abzuwerfen. Im folgenden Durchgang werden die Rollen getauscht.

80

Zombie:

Gespielt wird mit einem Softball. Alle Spieler befinden sich im Spielfeld. Der Ball wird in die Höhe geworfen. Wer ihn ergreift, versucht sofort einen Mitspieler abzuwerfen. Mit dem Ball darf höchstens zwei Schritte gelaufen werden. Es zählen nur direkte Treffer (keine "Erdbälle"). Wer direkt getroffen ist, begibt sich "auf die Bank" und merkt sich, welcher Spieler ihn abgeworfen hat. Wenn dieser Spieler selbst abgetroffen ist, dürfen alle, die er zuvor abgeworfen hat, wieder zurück ins Spielfeld.

Noch eine wichtige Regel: Wer einen direkt geworfenen Ball fängt, hat damit den Werfer "abgetroffen", d.h. der Werfer muß "auf die Bank" bis der Fänger abgeworfen ist.

81

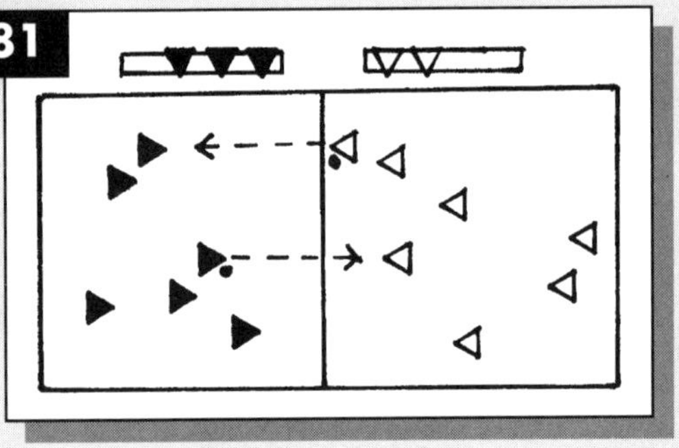

Zweierball:

Die Spieler zweier Mannschaften versuchen, Spieler der anderen Mannschaft abzuwerfen, ohne ihr Feld zu verlassen.

Es wird mit zwei Softbällen gespielt. Getroffene Spieler nehmen außerhalb des Spielfeldes Platz auf einer Bank. Der in der Reihenfolge erste auf der Bank darf wieder mitspielen, wenn ein Spieler aus der eigenen Mannschaft den Ball direkt aus der Luft fängt.

Bodentreffer und nach einer Bodenberührung gefangene Bälle sind ungültig.

Wechselball:

Zwei Mannschaften nehmen Aufstellung laut Skizze. Wie beim Völkerball, versucht die Mannschaft im Außenfeld Spieler im Innenfeld abzutreffen, mit dem Unterschied, daß abgeworfene Schüler weiter mitspielen. Jeder Treffer eines Schülers zählt einen Punkt.

Die Mannschaft im Außenfeld kann solange Punkte erzielen, bis es einem Spieler im Innenfeld gelingt, einen direkten Wurf abzufangen (Erdbälle zählen nicht!). Er ruft dann laut: "Wechsel" und beide Mannschaften tauschen ihre Positionen. Nun kann wieder die andere Mannschaft Punkte erzielen.

Noch ein Tip: Je schneller eine Mannschaft nach dem Fangen des Balles ihre Position wechselt, um so größere Chancen hat sie, einen Spieler, der gerade noch in das Innenfeld hineinläuft, mehrmals abzutreffen.

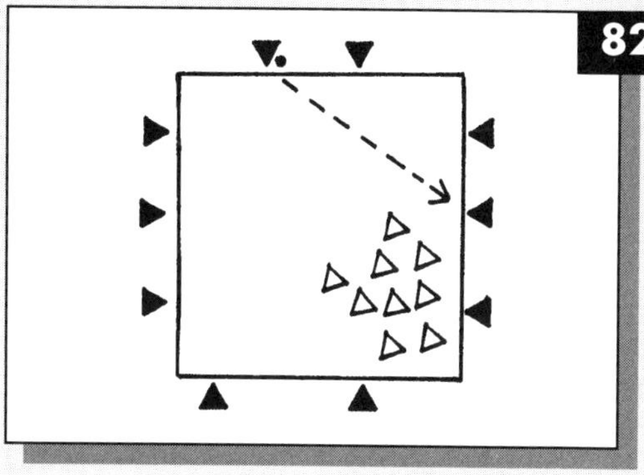
82

Brennball ohne Freimale:

Zwei Mannschaften nehmen Aufstellung laut Skizze.

Jeder Spieler der am Spielfeldrand stehenden Läufermannschaft muß einmal um den Wendepunkt laufen. Die Reihenfolge ist beliebig.

Die Werfermannschaft versucht, die Läufer so oft wie möglich, solange sie durch das Spielfeld laufen, mit einem Schaumstoffball abzutreffen. Am besten gelingt ihr das, wenn sie sich den Ball in Nähe des Läufers zuwirft.

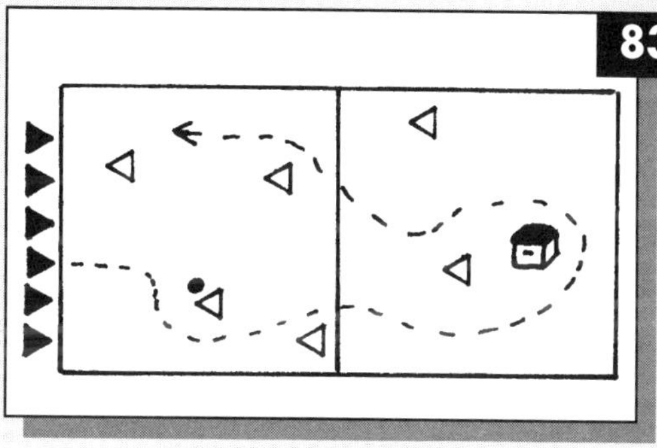
83

Völkerball mit „Erlösen":

Getroffene Spieler spielen an den Seitenlinien weiter mit. Erzielen sie einen Treffer, können sie wieder ins Spielfeld zurückkehren.

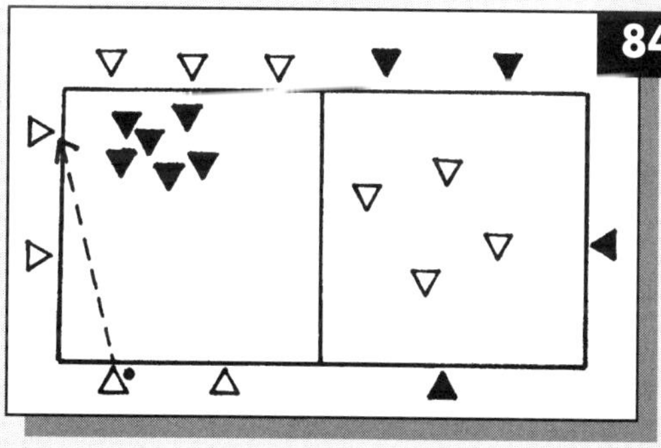
84

3. Schulung der Gleichgewichtsfähigkeit

Zur Verbesserung der Gleichgewichtsfähigkeit werden hier Übungen auf stabiler bzw. labiler Unterlage vorgestellt.

Gute und erfolgreiche Möglichkeiten der Gleichgewichtsschulung, bei der die Schüler ihre eigenen Ideen in den Unterricht einbringen können, bieten sich beim Üben an verschiedenen "Probierstationen": Die Schüler sollen in Kleingruppen unter Vorgabe bestimmter Geräte (z.B. Bank, großer Kasten, Reckstangen, Matten, Reifen, Ball) ihre Balancierstation selber aufbauen und verschiedene "Kunststücke" ausprobieren können.

Bevor die Schüler mit den Übungen beginnen, muß sich der Lehrer von dem sicheren Aufbau der Station überzeugen. Dabei ist das Absichern der Balancierstrecke durch Matten bei niedrigen Höhen (bis ca. 50 cm) nicht erforderlich; die Schüler sollen die Erfahrung machen, nach Absprung auf den Hallenboden den Gleichgewichtsverlust durch Abfedern kompensieren zu können. Bei einer erhöhten Balancierstrecke sollte auf eine Absicherung vor allem seitlich des Geräts geachtet werden.

Nachdem alle Stationen fertiggestellt und von der jeweiligen Gruppe erprobt sind, stellt jede Gruppe ihre Ideen vor.

Beim Ausprobieren verschiedener Balancierfertigkeiten sollten die Schüler wählen können, ob sie beispielsweise beim Überqueren des hohen Schwebebalkens auf allen Vieren krabbeln oder aufrecht gehen, ob sie es alleine versuchen oder eventuell Hilfestellungen bei Schülern oder beim Lehrer einholen.

Für das Erlernen eines Balancierkunststücks benötigen die Schüler lange Übungsphasen, denn nicht jedes Kunststück kann sofort gelingen. Ausreichende und ungestörte Übungszeit kann aber nur dann gewährleistet werden, wenn die Übungsgruppen auf einer Station nicht zu groß sind, bzw. wenn genügend Übungsangebote für alle Schüler bestehen.

Während des Übens wächst das Vertrauen in das eigene Können kontinuierlich und damit gleichzeitig der Wunsch nach schwierigeren Aufgaben. Neue Herausforderungen an die Schüler können gestellt werden, indem man:

- die Balancierstrecke erhöht oder schräg setzt,
- die Balancierstrecke mit Hindernissen versieht (Bälle, Keulen, Reifen etc.),
- die Fortbewegungsart variiert (Vorwärtsgehen mit ganzen Drehungen, Vorwärtsgehen-halbe Drehung-Rückwärtsgehen, auf einem Bein hüpfen, auf einem Bein stehenbleiben, Stehenbleiben und Augenschließen etc.),
- Kleingeräte hinzunimmt (Bälle, Seilchen, Reifen, Stäbe etc.),
- die Balancierübungen mit Partnern abstimmen muß (z.B. Zuwerfen eines Balles auf der Bank),
- die Schüler zum Balancieren mit geschlossenen Augen auffordert.

Wesentlich höhere Herausforderungen an die Gleichgewichtsfähigkeit der Schüler werden beim Balancieren auf labiler Unterlage gestellt. Dem Ausprobieren von Fertigkeiten an wackeligen Balancierstationen sollte eine intensive Ausarbeitung der Aspekte "Absicherung" und "Hilfestellung" vorangehen.

Gibt man den Schülern zum Thema "Gleichgewichtsschulung" eine weitere Anweisung, z.B. "der Boden bewegt sich", so entwickeln sie erstaunliche Phantasie und Kreativität beim Erstellen einer "Probierstation". Hierbei können sie auch zusätzliche Kleingeräte einsetzen wie Reifen oder Bälle, die den Schwierigkeitsgrad der Übung zusätzlich erhöhen.

Ebenfalls können mehrere Balancierstationen mit stabilem und labilem Untergrund zu einem Balancierparcours zusammengestellt werden. Auf die Erstellung von mehreren Querverbindungen in einem Balancierparcours sollte Wert gelegt werden, damit Staus vermieden werden und die Schüler während des Übens sich nicht von anderen Kindern bedrängt fühlen.

Die Verbesserung der Gleichgewichtsfähigkeit kann, muß aber nicht isoliert vorgenommen werden. Die nachfolgenden Beispiele können durchaus als einzelne Stationen in einer Gerätelandschaft, in der sich auch Stationen zur Übung anderer koordinativer Fähigkeiten finden, ihren Platz haben.

3.1 Gleichgewichtsübungen auf stabiler Unterlage

Balancieren auf:
- Bänken
- umgedrehten Bänken.
- Seilchen/Tau

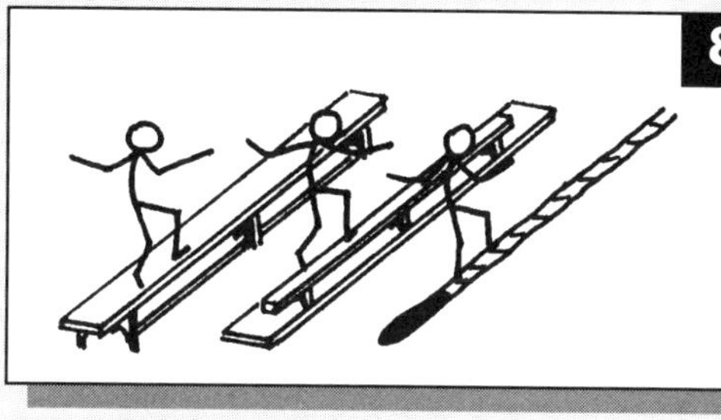

85

Balancieren zu zweit:

Von beiden Enden einer Bank/umgedrehten Bank kommen Schüler aufeinander zu und versuchen, mit gegenseitiger Unterstützung aneinander vorbeizukommen, ohne das Gerät zu verlassen.

86

Balancieren auf Stangen, Doppelstangen, umgedrehter Bank, bergauf und bergab.

87

Gehen über eine erhöhte Balancierstrecke
Varianten: Auf einer umgedrehten Bank .. auf dem Schwebebalken ...

88

Balancieren auf Bänken bergauf und bergab.
(Die Bänke werden auf den Kastendeckel gelegt. Eine regelmäßige Überprüfung, ob sie nicht verrutscht sind, ist notwendig).

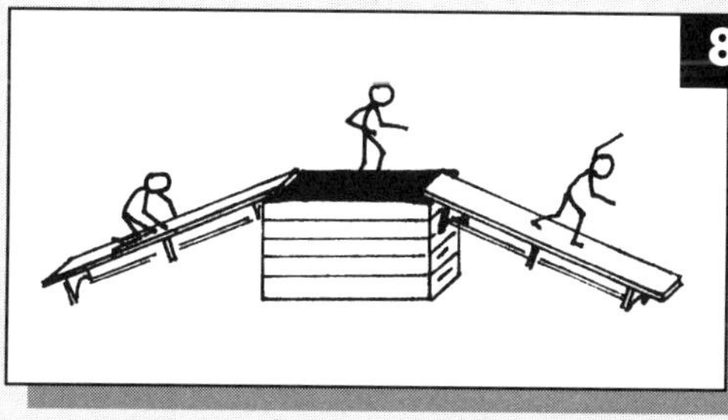

89

Gleichgewichtsübungen auf stabiler Unterlage

90

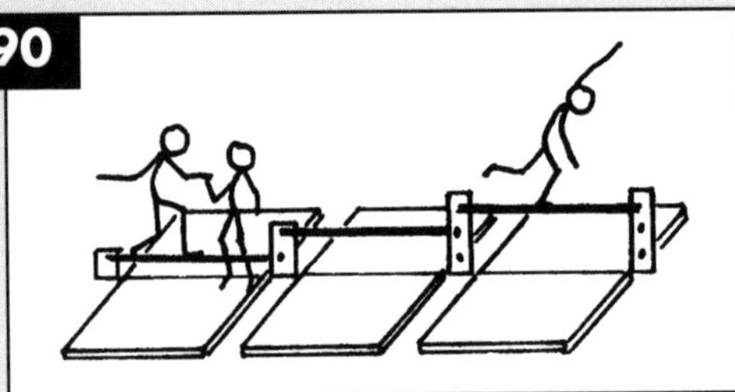

Balancieren in unterschiedlichen Höhen z.B. auf verschieden hohen Reckstangen, die so angeordnet sind, daß man ohne Unterbrechung über sie balancieren kann.

91

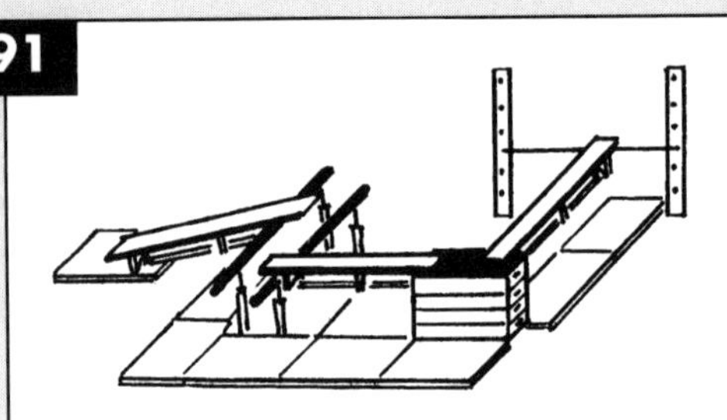

Überwinden von mehreren miteinander verbundenen Großgeräten (Barren, Reck, Kasten etc.).

92

Ballspielen von Bank zu Bank (bei unterschiedlicher Entfernung der Bänke).

93

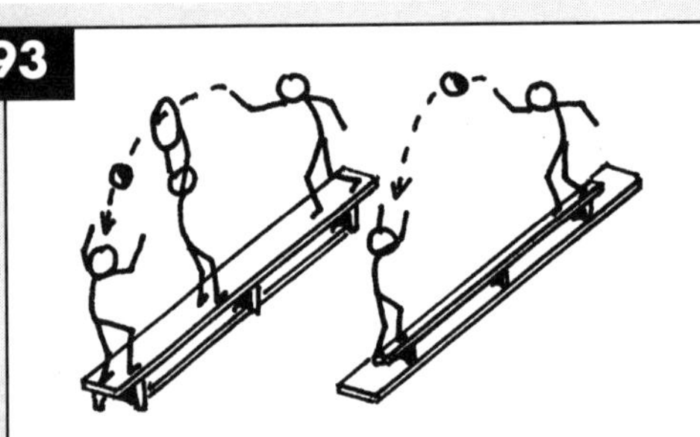

Ballspielen zu dritt, zu zweit auf einer Bank/auf einer umgedrehten Bank.

Zusatzaufgaben mit dem Ball (Luftballon):

- einen Ball auf den Boden/auf die Bank prellen
- einen Ball hochwerfen und fangen
- einen Ball auf dem Boden rollen.

94

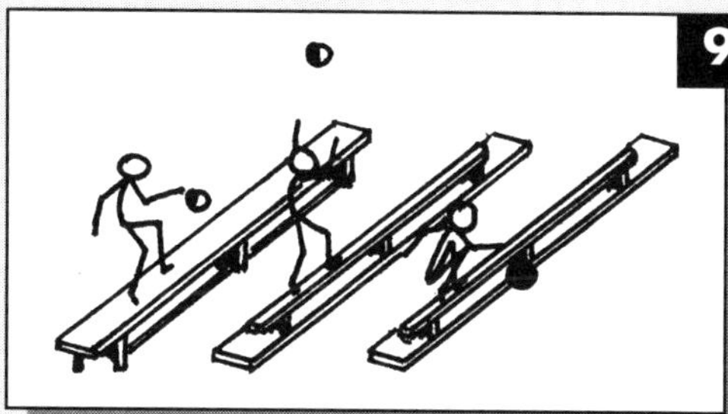

Zusatzaufgaben mit Seilchen und Reifen:

- Seilchenspringen
- Reifendrehen.

95

Gerätetransport mit Hindernissen

96

Balancieren auf den Holmen des Parallelbarrens und des Stufenbarrens (auf allen vieren/im aufrechten Gang).

97

3.2 Gleichgewichtsübungen auf labiler Unterlage

98

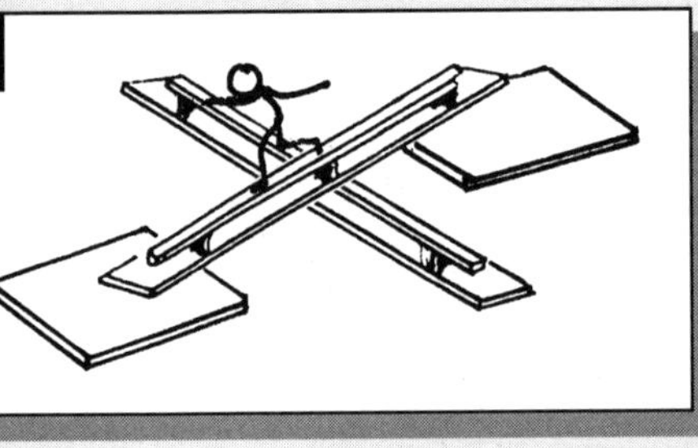

Bank als Wippe:

Bank unter der Bank

99

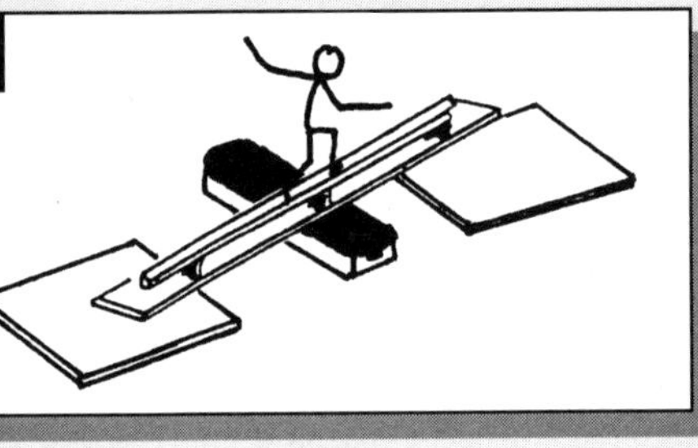

Kastendeckel unter der Bank

100

Sprungbrett unter der Bank

101

Kleiner Kasten unter der Bank

102

Kunststücke auf einer Wippe:

Hin- und Herwippen (ungeeignet, wenn beide Schüler sehr schwer sind)

Gleichgewichtsübungen auf labiler Unterlage

Aufeinanderzugehen/Auseinandergehen

103

Auf einem Bein balancieren

104

Wippen zu dritt

105

Sich einen Reifen zuwerfen

106

Sich einen Ball durch einen Reifen zuwerfen

107

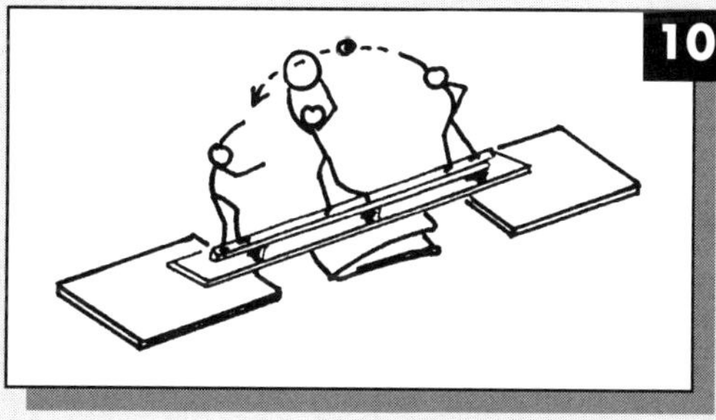

Gleichgewichtsübungen auf labiler Unterlage

108

Wackelbank: Stäbe unter der Bank

109

Seilchen/Tau unter der Bank

110

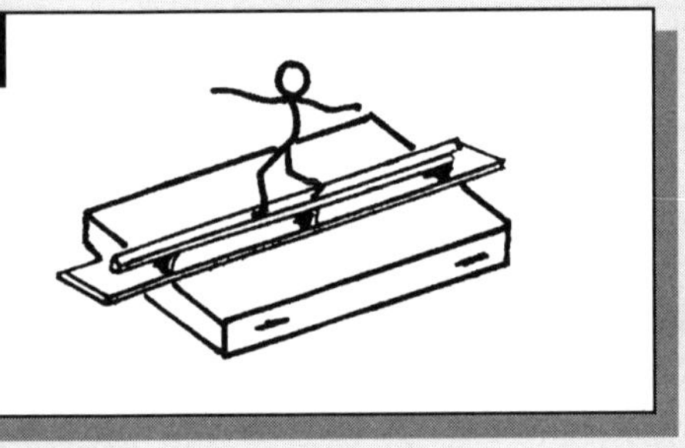

Umgedrehte Bank auf einer Weichbodenmatte

111

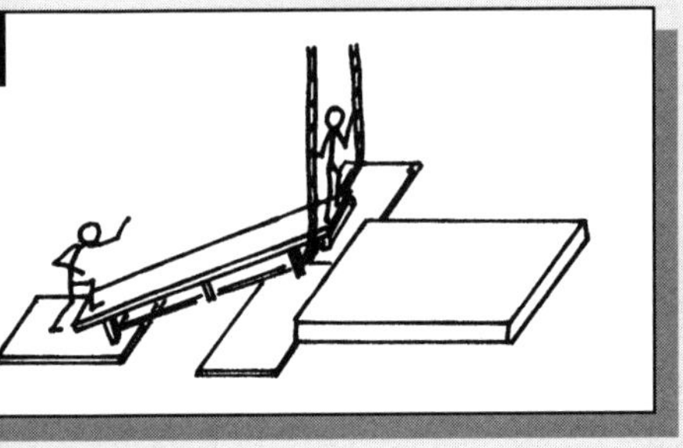

Bank ins Trapez einhängen

112

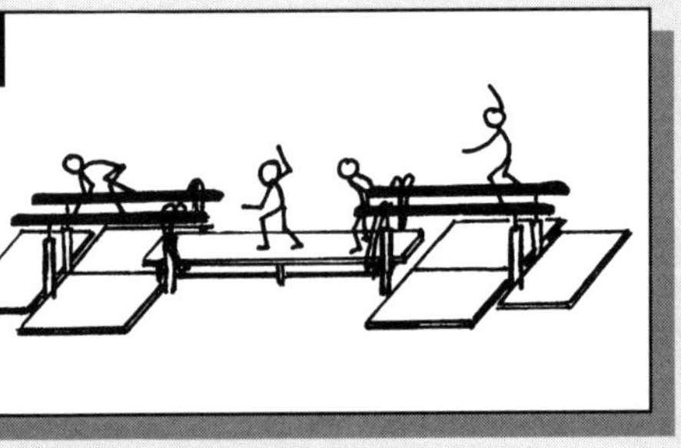

"Wackelbank" zwischen zwei Barren mit Seilen oder Tauen befestigen

Gleichgewichtsübungen auf labiler Unterlage

Ein Balancierseil und ein Halteseil zwischen den Reckstangen befestigen

113

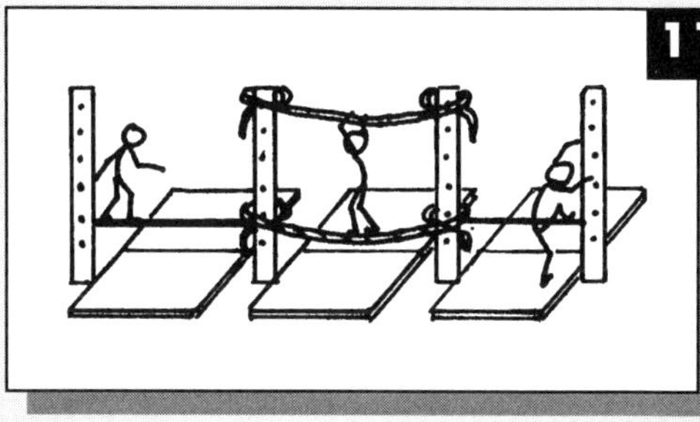

Balancieren auf:

- dem Medizinball
- dem Sportkreisel
- dem Wackelbrett

114

Balancieren auf Walzen verschiedener Art und Größe

115

Balancieren auf Pedalos verschiedener Art

116

Gleichgewichtsübungen auf labiler Unterlage

117

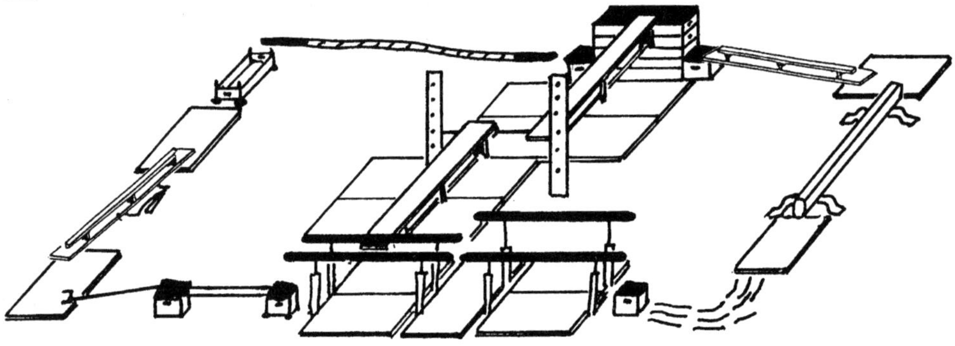

Balancierparcours mit Seilchen/Tauen, Stangen, Bänken, Kästen, Barren, Reck, Wippe etc.

4. Schulung der Rhythmusfähigkeit

Wenn von der Verbesserung der Rhythmusfähigkeit gesprochen wird, so denkt man in erster Linie an verschiedene Aufgabenstellungen, die mit Musik verbunden sind. Dabei gibt es neben einer Rhythmusvorgabe durch den Takt der Musik auch die Rhythmusvorgabe durch nicht an Musik gebundene akustische Signale wie z.B. Händeklatschen, Schlagen eines Tambourins oder einer Handtrommel, Fingerschnippen, Zurufe: und Hopp .. und Hopp .. u.ä. Die Schüler sollen den Rhythmus erkennen und ihn in Bewegung umsetzen. Beispiele hierzu sind in dem Abschnitt 4.5 "Schulung der Rhythmusfähigkeit mit Musik" gegeben.

Eine andere Möglichkeit zur Verbesserung der Rhythmusfähigkeit bieten Übungen mit Seil und Seilchen (vgl. Abschnitt 4.1). Hierbei müssen nicht nur die Schüler, die ein Seil schlagen, um eine rhythmische Ausführung bemüht sein, auch die durch das Seil springenden und laufenden Schüler sind gezwungen, ihre Bewegungen dem vorgegebenen Rhythmus anzupassen.

Im Abschnitt 4.2 "Laufen über Hindernisse" sind Übungsbeispiele aufgeführt, in denen der Laufrhythmus durch die Höhe und Breite der Hindernisse bzw. deren regelmäßige oder unregelmäßige Abstände zueinander bestimmt wird. Die verschiedenen Laufvarianten wie z.B. das Überqueren der Hindernisse im Dreier-, Vierer- und Fünferrhythmus oder das Berühren der Hindernisse nur mit einem Bein können auch in Staffelform durchgeführt werden. Eine Verbindung von rhythmischem und unrhythmischem Laufen ist in einem Hindernislauf möglich. In der Regel können aus Platzmangel nicht alle Schüler gleichzeitig die Hindernisse überwinden, daher ist ein festgelegter Laufwechsel mit dem Partner sinnvoll. Weiterhin ist beim Aufbau eines Laufparcours zu beachten, daß die Zusammensetzung der Hindernisse ein Überholen jederzeit ermöglicht.

Die Unterrichtsanregungen des Abschnitts 4.3 "Bewegungsaufgaben - synchron auszuführen" zeigen eine weitere Variante der Rhythmusschulung: Die Verbesserung des Gruppenrhythmus. Um eine Bewegung synchron ausführen zu können, sind Absprachen erforderlich bezüglich der Bewegungsform, der zeitlichen Abstimmung und der Bewegungsfrequenz. Das Erlernen von synchronen Bewegungen kann in einem offenen Unterricht erfolgen, in dem den Schülern Gelegenheit gegeben wird, die benötigten Geräte und die Fertigkeiten selbst auszuwählen. Den Stundenabschluß kann eine Vorführung der synchronisierten Bewegungen bilden.

Die Schulung der Rhythmusfähigkeit kann ebenfalls erfolgen durch eine Verbesserung der unterschiedlichen Anläufe, wie sie beispielsweise für den Weitsprung, Schlagballwurf, Hochsprung oder den Sprung auf einen hohen Kasten benötigt werden. Anregungen zur Verbesserung des Anlaufrhythmus sind im Abschnitt 4.4 zusammengestellt.

Grundsätzlich können wir davon ausgehen, daß eigentlich jede Bewegung ihren eigenen Rhythmus hat: Bei einem Tennisschlag z.B. besteht der Rhythmus aus der Ausholbewegung, dem Treffen des Balles und dem Nachschwingen. Die Qualität einer Bewegung wächst immer mit dem Erfassen und dem Umsetzenkönnen des Rhythmus einer Bewegung; ein guter Bewegungsrhythmus unterstützt eine größere Bewegungssicherheit.

4.1 Mit Seil und Seilchen

118

Seilchenspringen, dabei den Sprungrhythmus variieren (schnell .. langsam .. auf der Stelle .. im Laufen hinter jedem dritten/zweiten Schritt Seilchen überspringen ...).

119

Das pendelnde Seil
Überlaufen/Überspringen allein/zu zweit .. auch mit Handfassung

120

"Laufende Schnur" überspringen

121

Durch geschlagenes Seil laufen

122

Seilchen überspringen
Varianten: Als rhythmische Folge hintereinander .. zu zweit .. zu dritt .. hineinlaufen, dreimal springen, weiterlaufen ...

Mit Seil und Seilchen

In Dreiergruppen eine "8" laufen:
Auch mit Seilchen überspringen, dabei das Lauftempo und Seilchenschlagen so aufeinander abstimmen, daß nach jedem Übersprung das Seil dreimal .. zweimal .. einmal .. geschlagen wird.

123

Mit einem Seil zu zweit springen

124

Springen zwischen zwei Seilchen

125

"Springender Kreis"

126

4.2 Laufen und Hüpfen über Hindernisse, allein, zu zweit, zu dritt – auch mit Handfassung

127

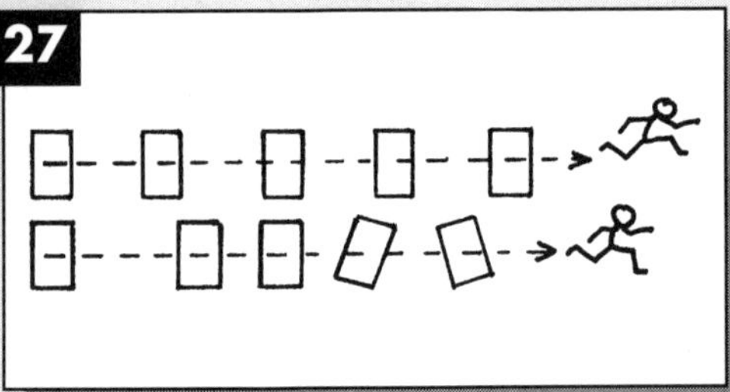

Laufen über eine Mattenbahn: (rhythmisch = regelmäßige Abstände; unrhythmisch = unregelmäßige Abstände)

128

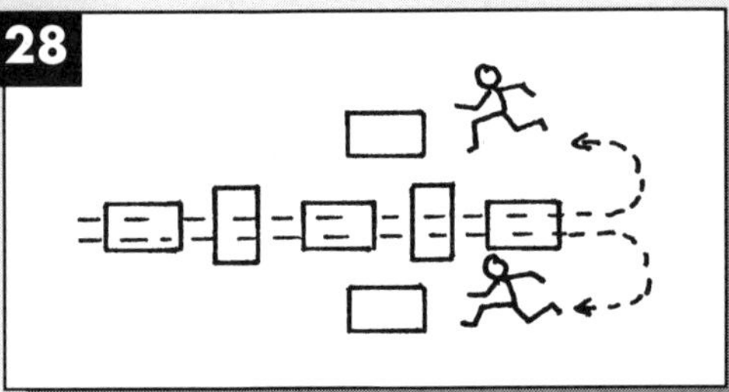

Laufen über eine Mattenbahn: Den Laufrhythmus durch längs- und querliegende Matten variieren

129

Laufen über eine Bahn aus kleinen Kästen und/oder Kastenteilen im Zweier-, Dreier-, Viererоder Fünferrhythmus

130

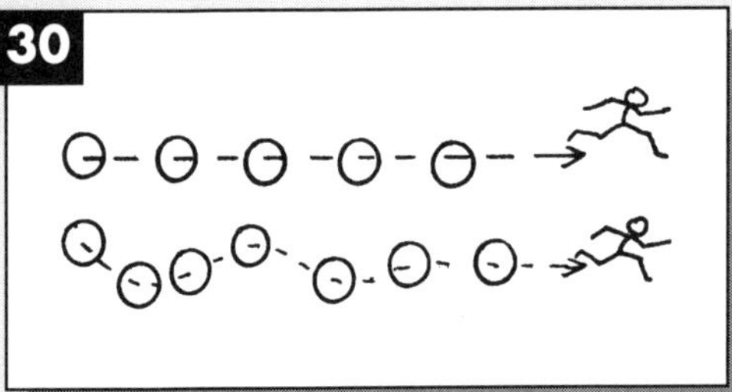

Reifenreihe entlanglaufen (rhythmisch/unrhythmisch)

131

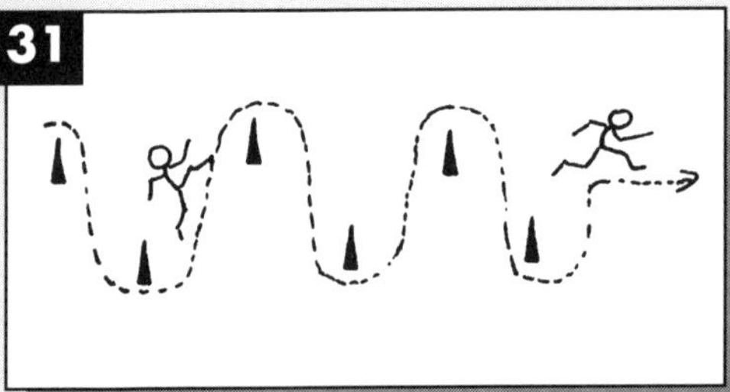

Slalom laufen

Laufen und Hüpfen über Hindernisse, allein, zu zweit, zu dritt – auch mit Handfassung

Bänke als Hindernisse überlaufen (rhythmisch/unrhythmisch)

132

Eine Bank mit mehreren Hockwenden überwinden

133

Eine Bank mit Hockwenden überwinden, über die andere Bank drüberlaufen

134

Eine Bank mit Hockwenden überwinden, auf dem Rückweg sich in Bauchlage nach vorne ziehen

135

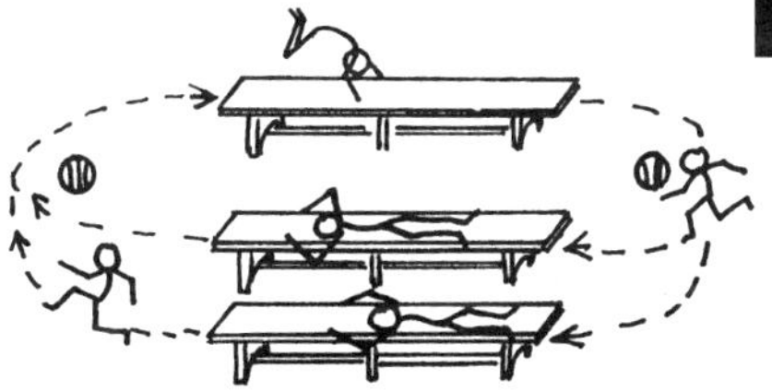

Laufen über eine Kastentreppe

Variante:

Kastentreppe aus drei großen Kästen

136

Laufen und Hüpfen über Hindernisse, allein, zu zweit, zu dritt – auch mit Handfassung

137

Rollende Softbälle als bewegliche Hindernisse

138

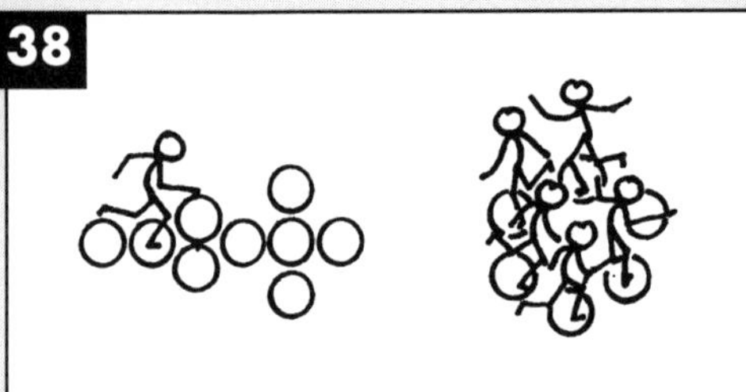

Hinkekästchen aus Reifen

Varianten: Aus Seilchen .. gemalt ...

139

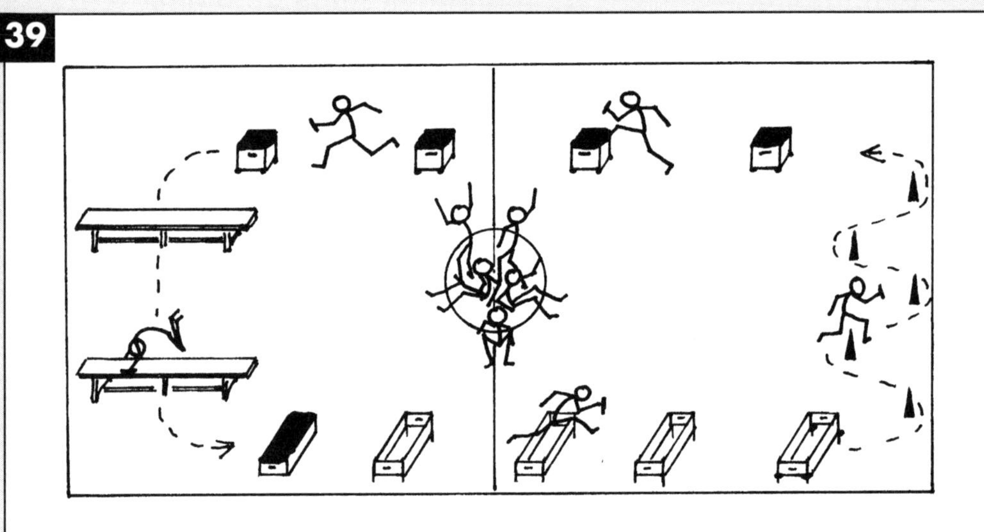

Hindernislauf:

"Wieviel Runden schafft jedes Paar in 10 Minuten?" Es wird abwechselnd je eine Runde gelaufen. Der Partner wartet im Mittelkreis und startet erst nach einer Stabübergabe (einem Handabschlag) seines Mitläufers.

Laufen und Hüpfen über Hindernisse, allein, zu zweit, zu dritt – auch mit Handfassung

140

Pyramidenlauf über Hindernisse:

Jeder Schüler muß im Wechsel mit seinem Partner erst eine, dann zwei, drei, vier, drei, zwei und eine Runde laufen.

4.3 Bewegungsaufgaben – synchron ausgeführt

141

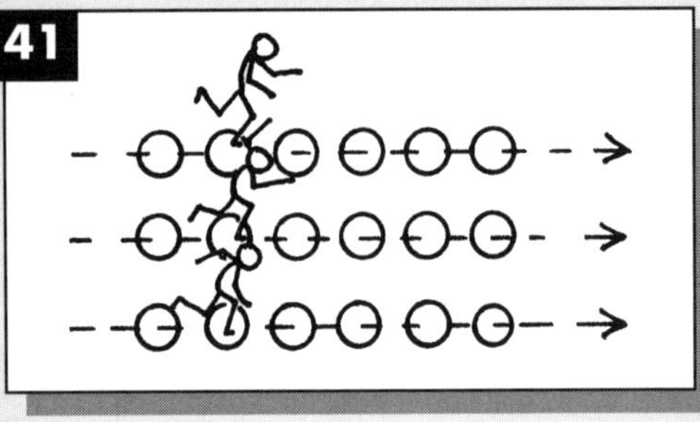

Hüpfen, Laufen, Springen über eine Reifenbahn auch mit Zusatzaufgaben wie: In die Hände klatschen, halbe Drehung .. oder mit akustischer Unterstützung (und hopp, und hopp ..)

142

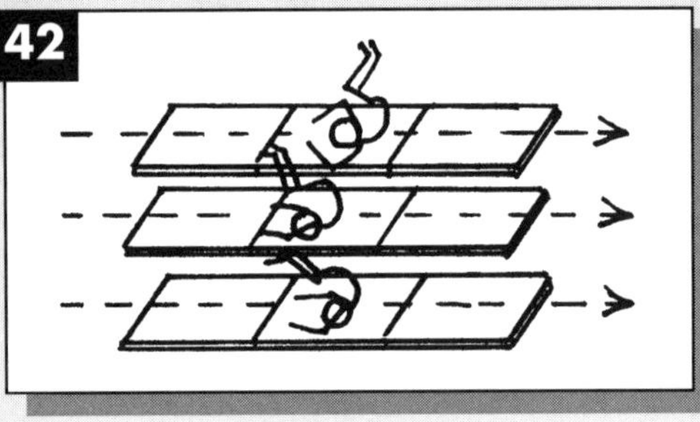

Rolle vorwärts mit anschließendem Strecksprung oder Rolle vorwärts, Strecksprung mit halber Drehung, Rolle rückwärts oder Radwende, Rolle rückwärts oder Zappelhandstand mit anschließender Rolle vorwärts usw.

143

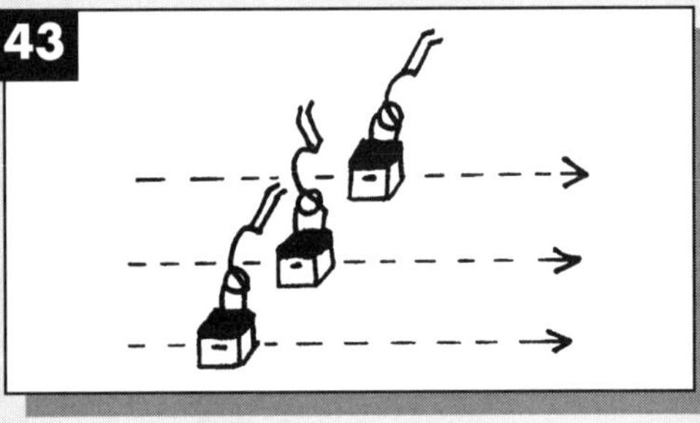

Hockwende, Radwende über kleine Kästen

144

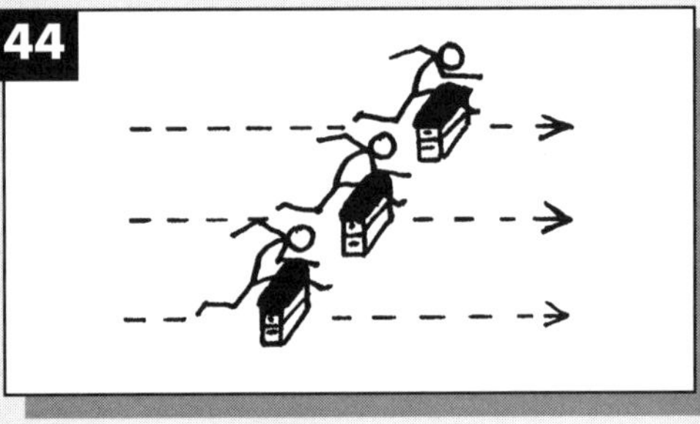

Überlaufen von zweiteiligen Kästen

145

Anlauf, Aufhocken, Strecksprung vom großen Kasten

Beliebiges Überwinden von großen Kästen

146

Von allen Seiten gleichzeitig hochgehen, sich auf dem Bauch hochziehen, hochlaufen, nach rechts abspringen, an der nächsten Bank sich wieder anstellen oder von zwei Seiten hochgehen, hochlaufen, einen festen Rückweg vereinbaren ...

(Die Bänke werden auf den Kastendeckel gelegt. Eine regelmäßige Überprüfung, ob sie nicht verrutscht sind, ist notwendig).

147

Verschiedene Kunststücke am Reck (Felgaufschwung, Felgumschwung, Kniehang usw.)

148

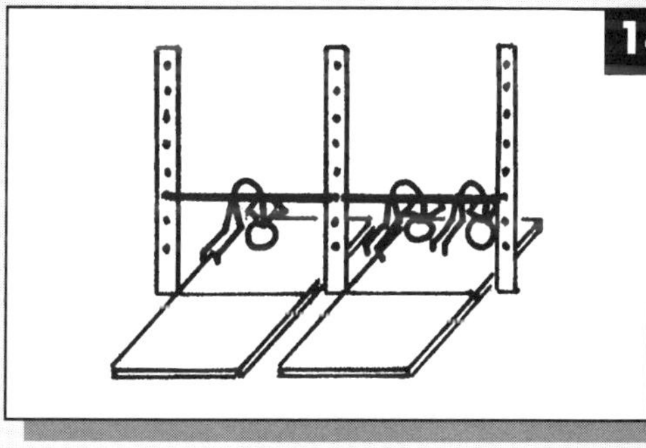

Vor- und Zurückschaukeln auf Seilen

149

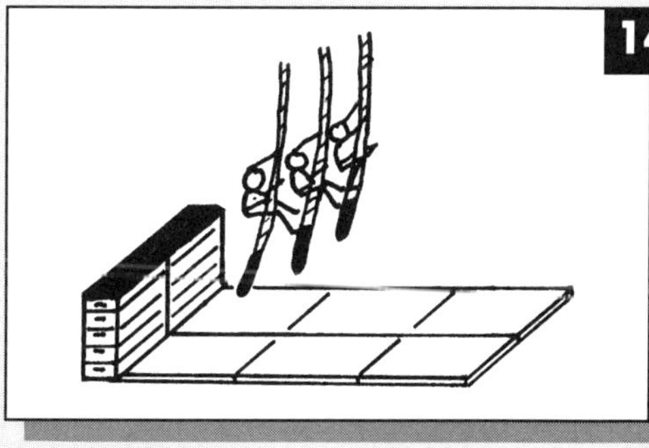

Bewegungsaufgaben – synchron ausgeführt

150

Balancieren auf umgedrehten Bänken mit gleichzeitigem Hochwerfen und Fangen eines Balles

151

Die Bewegungen des ballprellenden Partners so nachvollziehen, als ob man in den Spiegel schauen würde.

Z.B.: Prellen hoch, tief, sich hinsetzen und wieder aufstehen, Prellen in der Bauchlage, im Sitzen, durch die Beine, im Gehen, im Seitgalopp. Regelmäßiger Rollentausch der Partner.

152

Rhythmisches Ballprellen z.B.:

rechts, rechts, links, links oder
rechts, links, links, rechts, links, links, ..
oder in Verbindung mit Werfen z.B.:
fünfmal prellen, hochwerfen, fangen,
fünfmal prellen.

4.4 Anlaufrhythmus

Anlauf im Dreierrhythmus über kleine Kästen mit Sprung/Weitsprung auf eine Niedersprungmatte.

153

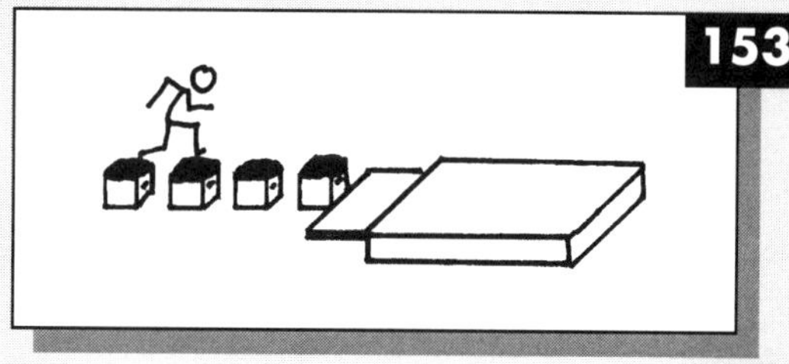

Anlauf mit festgelegter Anzahl von Schritten und einem Absprung vom Kastendeckel über einen Mattengraben

154

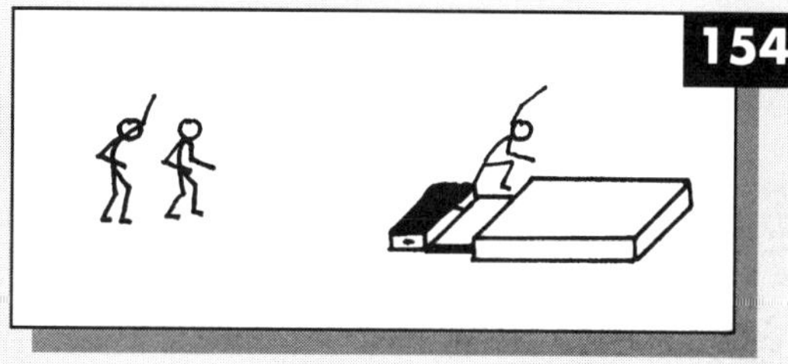

Anlauf mit vorgegebener Anzahl von Schritten und einem Absprung vom Kastendeckel über einen unterschiedlich großen Graben aus Reifen

155

Anlauf mit drei, vier, fünf usw. Schritten auf einer Bank mit anschließendem Sprung/Weitsprung über einen Mattengraben

156

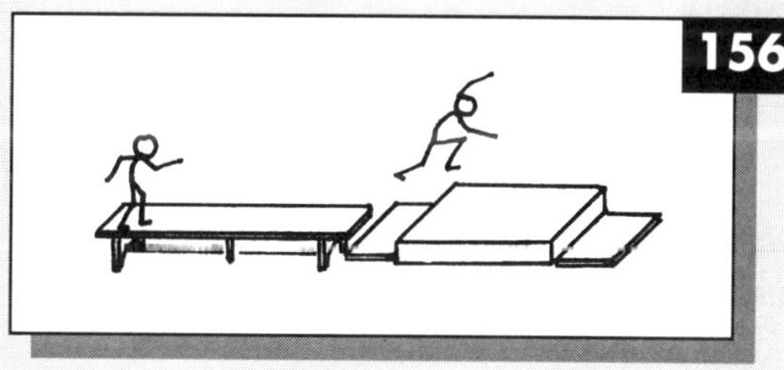

Anlauf mit zwei, drei, vier, fünf Schritten mit anschließendem Schersprung über eine Latte oder eine Zauberschnur

157

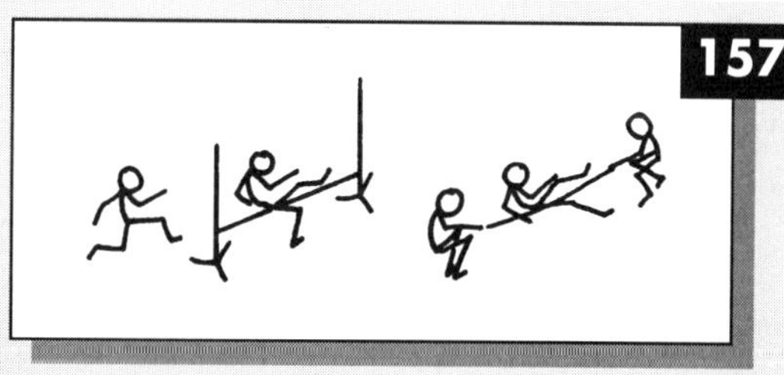

Anlauf mit zwei, drei, vier, fünf Schritten mit anschließendem Weitwurf über eine Zauberschnur. Die Weite kann an einer selbstgebauten Meßanlage (z.B. aus Stäben, Hütchen, Keulen usw.) abgelesen werden.

158

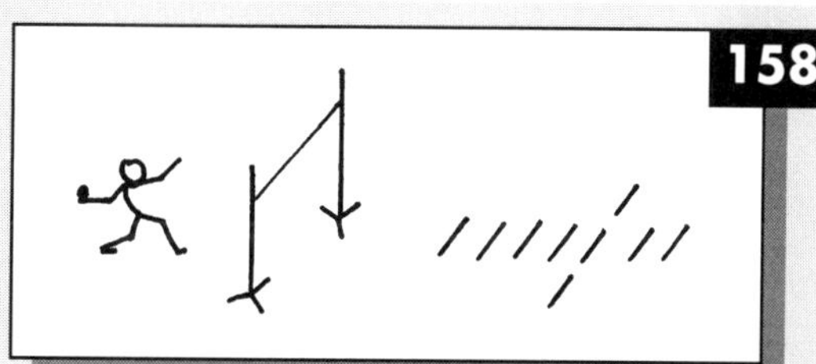

4.5 Mit Musik

159

Sich bewegen zur Handtrommel: Langsam, schnell, vorwärts, rückwärts, laut, leise, im Reitgalopp, im Hopserlauf, im Galopp mit Drehungen, alleine, zu zweit, in mehreren Schlangen auch mit Handfassung.

160

Sich bewegen zu verschiedenen Rhythmen, die der Lehrer mit dem Tambourin vorgibt. Auf ein besonderes Zeichen wie vom "Blitz getroffen" stehenbleiben.

161

Wie oben, nur: Der Lehrer unterbricht das Trommeln ohne besondere Akzentuierung. Die Schüler legen sich auf den Bauch, wenn sie die Trommel nicht mehr hören.

162

Den Rhythmus einer Musik mit Fußstampfen, Händeklatschen, Ballprellen etc. unterstützen.

163

Den Takt einer Musik schlagen mit verschiedenen Instrumenten wie Handtrommel, Tambourin, Kastagnetten, Reisdöschen u.ä.

164

Unter Beachtung des Rhythmus sich frei zur Musik bewegen.

165

Das Erlernen von verschiedenen Tänzen (Tarantella, Polka, Can-Can usw.).

166

Luftballontänze zu entsprechender Musik.

5. Schulung der Differenzierungsfähigkeit

Differenzierungsfähigkeit ist die Fähigkeit, einen Bewegungsablauf aufgrund von Rückmeldungen aus dem Bewegungsapparat - Muskeln, Bänder, Gelenke - hinsichtlich seiner Qualität beurteilen und angemessen dosieren zu können. Sie ermöglicht, Bewegungen mit hoher Genauigkeit und Ökonomie vollziehen zu können.

Es ist schwierig, diese Fähigkeit isoliert zu schulen, da sie im Sport bei fast jeder Bewegung benötigt wird, ob beim Werfen, Laufen, Ballspielen, Schwimmen oder Turnen. Im Vergleich zu den bisher beschriebenen Fähigkeiten kann der Differenzierungsfähigkeit eine übergeordnete Stellung zugeschrieben werden.

Zur Verbesserung der Differenzierungsfähigkeit wurden aus der Vielzahl der Schulungsmöglichkeiten Unterrichtsanregungen zusammengestellt zu folgenden Themen:

1. **Kunststücke mit dem Ball** (siehe 5.1)
2. **Werfen auf Ziele** (siehe 5.2)
3. **Springen, Überspringen, Zielspringen** (siehe 5.3)
4. **Schwingen und Schaukeln an Tauen, Ringen und Trapez** (siehe 5.4)
5. **Klettern und Hangeln am Barren und Reck** (siehe 5.5)

Bei den vorgestellten Kunststücken mit dem Ball wird hauptsächlich die Differenzierungsfähigkeit verbessert, weil der Krafteinsatz beim Spielen des Balles entsprechend dosiert werden muß, damit das Kunststück erfolgreich abgeschlossen wird.

Ähnliches gilt für die Unterrichtsanregungen im Kapitel 5.2 "Werfen auf Ziele". Nur mit angemessenem Krafteinsatz gelingt es, unterschiedlich schwere und große Wurfgegenstände aus verschiedenen Entfernungen ins Ziel zu befördern.

In den Abschnitten 5.3 bis 5.5 geht es hauptsächlich darum, den Schülern die Möglichkeit zu geben, Bewegungserfahrung an Großgeräten zu sammeln, diese zu festigen bzw. zu erweitern. Dabei geht die Intention dahin, durch mehrere Gerätearrangements, die von sich aus handlungsanregend wirken, die Sporthalle in eine Spiel- und Bewegungslandschaft zu verwandeln: Die Schüler sollen durch die Gerätekonstruktion zu selbständigem kreativen Bewegungsverhalten animiert werden.

Das Üben und Spielen an Großgeräten bewirkt einerseits das Erlernen von neuen Bewegungsabläufen, andererseits werden auch schon beherrschte oder gerade erlernte Fertigkeiten gerne wiederholt. Durch ständige Wiederholung wird die Bewegung sicherer und die Bewegungsqualität wird kontinuierlich verbessert. Die Schüler bekommen ein "Gespür" für ihre Bewegungen.

Für den außerschulischen Bereich sind die von den Schülern im Unterricht gemachten Erfahrungen, wie das Steigen, Klettern, Schwingen, Rollen, Balancieren, Rutschen usw. ebenfalls von Bedeutung. Die erworbene Bewegungssicherheit findet z.B. beim Klettern auf Bäumen oder Überwinden von Zäunen ihre praktische Anwendung.

5.1 Kunststücke mit dem Ball

167

Es stehen mehrere Kästen mit verschiedenen Bällen bereit.

Aufgabe: "Jeder Schüler nimmt sich einen Ball heraus und zeigt mir, was er damit machen kann."

Der Lehrer greift die verschiedenen Fertigkeiten einzelner Schüler auf und läßt sie von der ganzen Klasse nachmachen. Beachten: Regelmäßig die Bälle wechseln lassen, um die verschiedenen Eigenschaften kennenzulernen.

Mögliche Kunststücke alleine mit einem Ball:

168

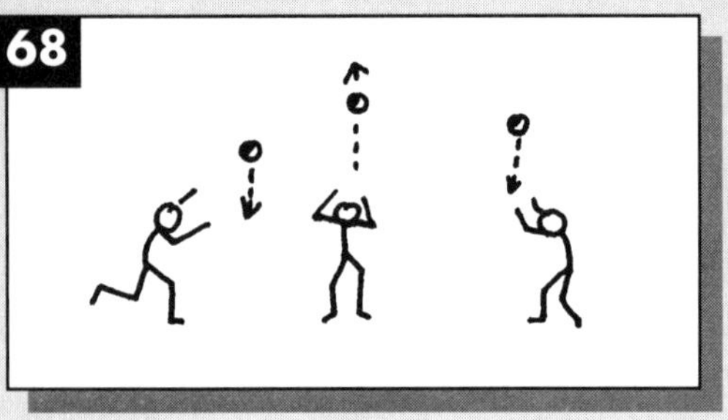

Wer kann:

den Ball dreimal, fünfmal, zehnmal .. hochwerfen und wieder auffangen, ohne ihn fallen zu lassen? Dabei zählen die Schüler laut ihre Fänge und beginnen wieder von vorn, sobald sie den Ball fallen gelassen haben.

Varianten: im Gehen .. im Laufen ...

169

den Ball mit einer Hand hochwerfen und mit beiden Händen wieder fangen?

den Ball mit einer Hand gerade hochschlagen und wieder fangen?

den Ball mit einer Hand hochschlagen, aufprallen lassen, hochschlagen, aufprallen lassen ...?

170

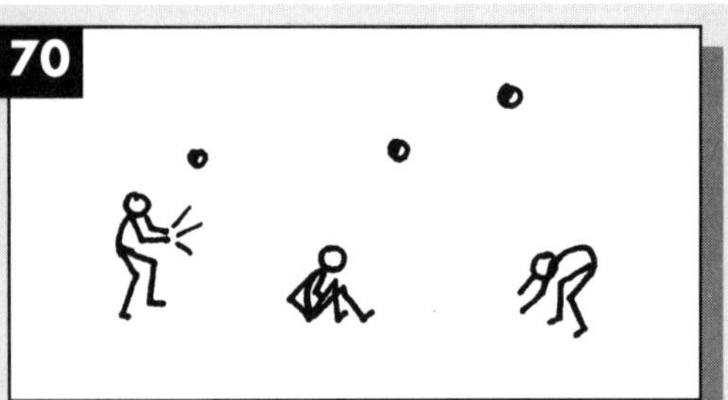

den Ball hochwerfen, einmal .. zweimal .. dreimal ... in die Hände klatschen und ihn wieder fangen?

Varianten: Den Ball hochwerfen, auf den Boden setzen .. in die Bauchlage gehen .. mit beiden Händen den Boden berühren .. eine, zwei, drei Drehungen machen ... und den Ball wieder fangen?

171

den Ball hochwerfen und im Sprung .. im Sitzen .. im Knien .. im Liegen .. wieder fangen?

Kunststücke mit dem Ball

den Ball hoch vorwerfen (in vorgegebene Zonen), ihm nachlaufen und nach dem Aufprall auffangen?

172

den Ball mit einer Hand, mit dem Fuß, mit dem Knie ohne Unterbrechung hochspielen, aufprallen lassen, hochspielen, aufprallen ...?

173

den Ball rollen, hinterherlaufen und ihn wieder aufnehmen, auch vor festgelegten Markierungen?

174

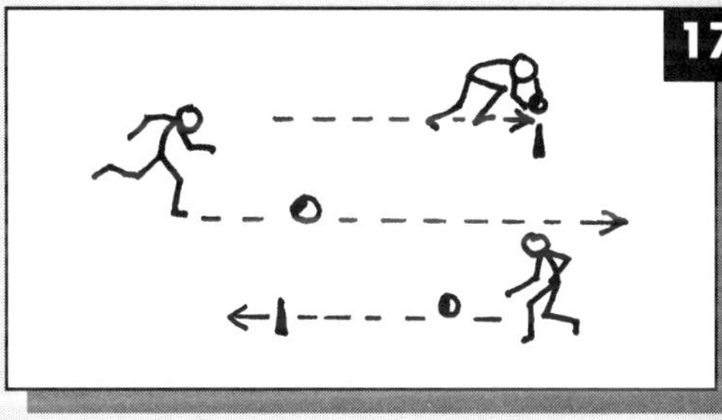

im Wechsel einen Softball, einen Gymnastikball und beispielsweise einen Basketball hoch und tief prellen, mit der rechten oder linken Hand, beidhändig, mit dem Fuß, dem Ellenbogen ...?

175

den Ball mit geschlossenen Augen auf der Stelle prellen und je nach Ansage beispielsweise zwei Schritte zurückgehen, Handwechsel vornehmen, einen Schritt nach rechts gehen, sich hinknien?

176

Kunststücke mit dem Ball

Mögliche Kunststücke zu zweit mit einem Ball: Jedes Paar bestimmt selber den Abstand zueinander und den Platz,wo es übt (keine feste Formation vorgeben).

177

Welches Paar kann sich den Ball:

im Stehen auch mit der schwächeren Hand zuwerfen? Nach einem gelungenen Versuch den Abstand ein wenig vergrößern, nach einem mißlungenen Versuch verkleinern.

178

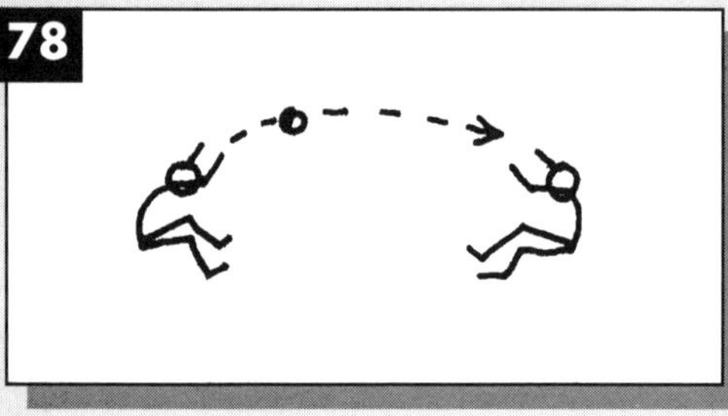

im Sitzen ein- oder beidhändig zuwerfen?

179

über den Boden zuspielen?

180

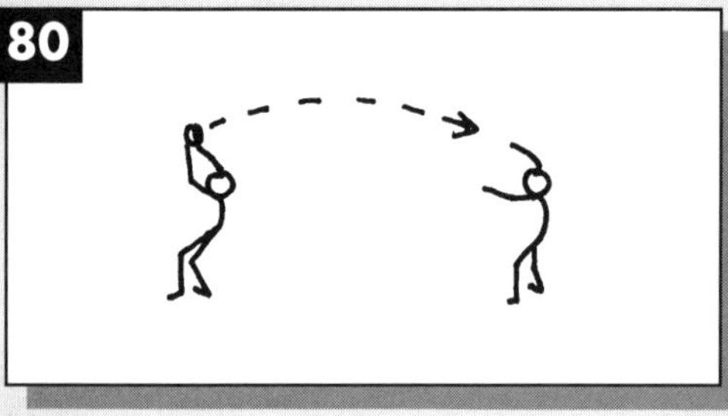

beidhändig rückwärts zuspielen?

181

beidhändig durch die gegrätschten Beine zuspielen?

Mögliche Kunststücke zu zweit mit zwei Bällen: Jedes Paar bestimmt selber den Abstand zueinander und den Platz, wo es übt (keine feste Formation vorgeben).

Welches Paar kann:

sich beide Bälle gleichzeitig mit den Füßen zuspielen?

182

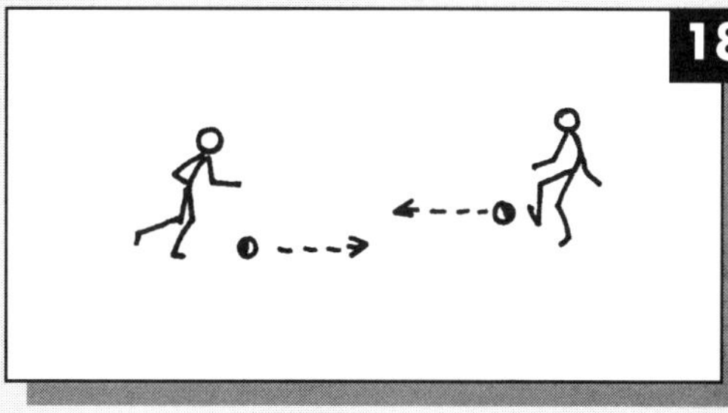

sich einen Ball zuwerfen, den anderen mit dem Fuß zuspielen?

183

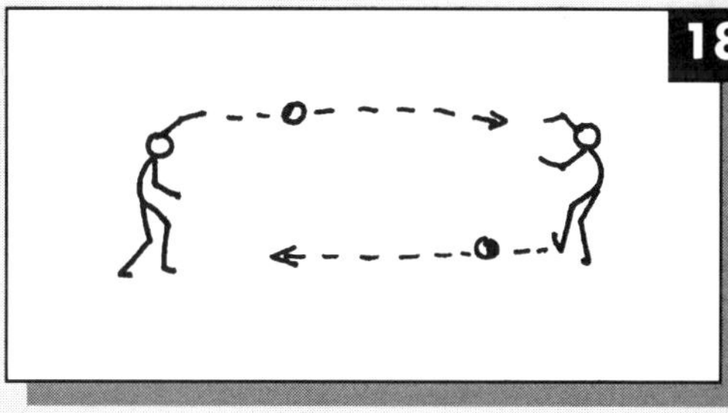

sich beide Bälle über den Boden zuwerfen? Dabei kann der Abstand kontinuierlich vergrößert bzw. verkleinert werden.

184

sich beide Bälle zuwerfen? Dabei kann ein Ball über den Boden gespielt werden.

185

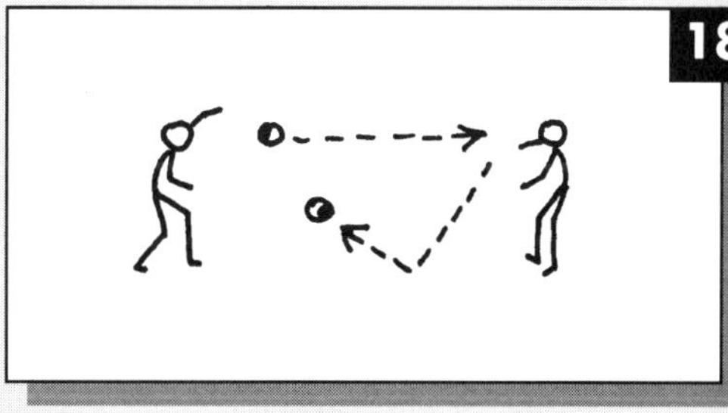

sich beide Bälle im Sitzen zuspielen? Dabei kann ein Ball gerollt werden.

186

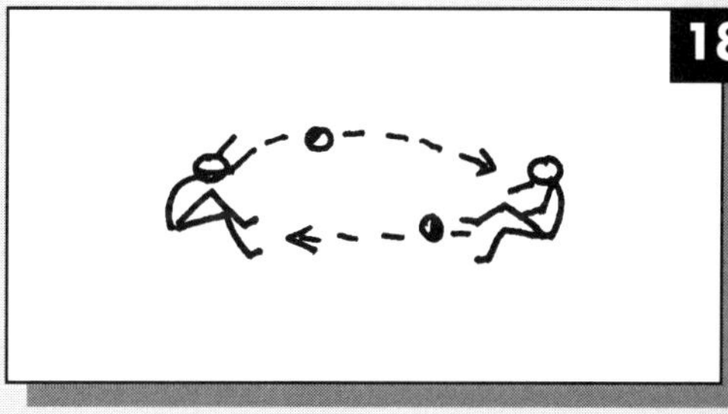

5.2 Werfen auf Ziele

187

Werfen mit Gymnastik-, Schlagbällen oder Bohnensäckchen auf mit Bändern markierte Felder einer Gitterwand aus unterschiedlicher Entfernung.

188

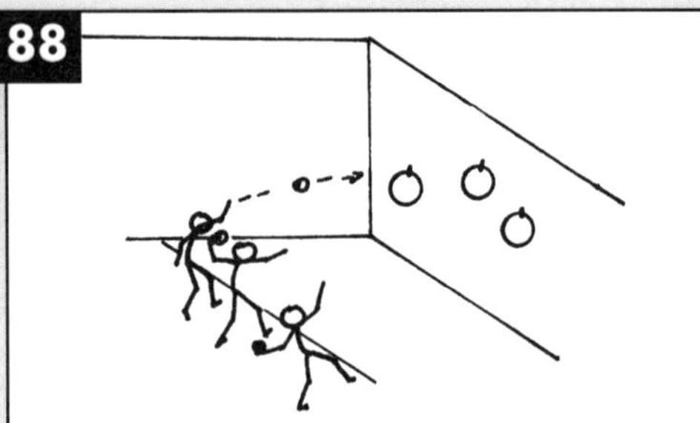

Werfen mit verschiedenen Bällen auf unterschiedlich hoch festgeklebte Reifen an der Wand.

189

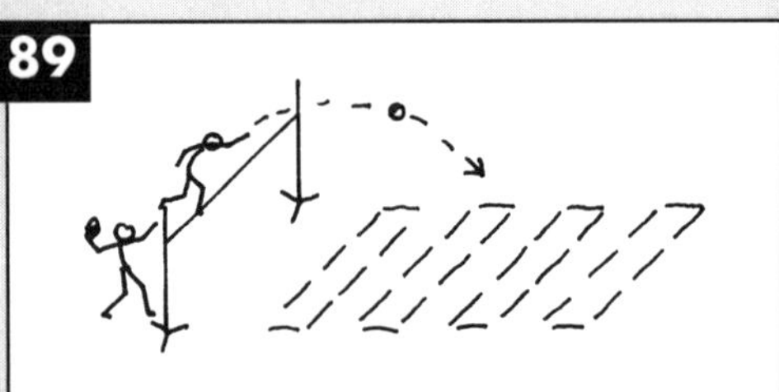

Werfen über eine hoch gespannte Zauberschnur in verschiedene Zonen (z.B. durch Seilchen markiert) auch mit Vorhersage, in welche Zone man vorhat zu werfen, aber auch umgekehrt: Werfen von verschiedenen Zonen über eine Zauberschnur.

190

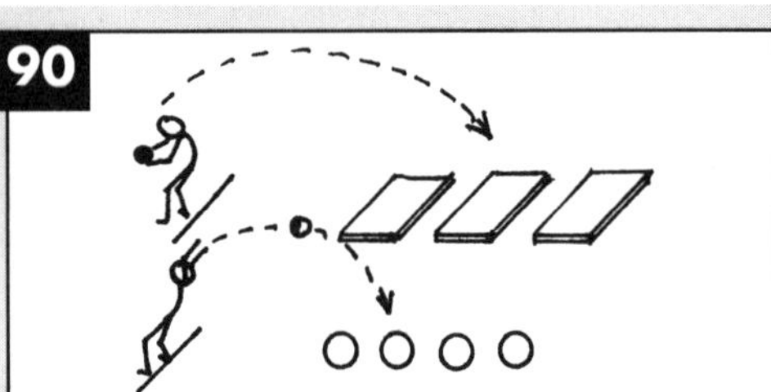

Zielwerfen rückwärts, beidhändig auf Matten oder Reifen, die in unterschiedlicher Entfernung auf dem Boden liegen.

191

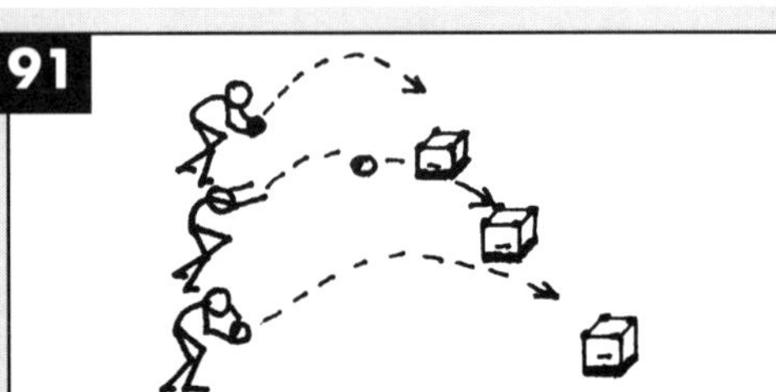

Einen Medizinball in unterschiedlich weit entfernte, umgedrehte kleine Kästen werfen.

Werfen auf Ziele

Mit verschiedenen Bällen bzw. Wurfgeräten Zeitungen treffen, die auf einer möglichst hoch gespannten Zauberschnur mit Wäscheklammern befestigt sind. Die Wurfrichtung und die Abwurfzone sollte festgelegt werden. Die Wurfgegenstände auf Zeichen des Lehrers holen.

192

Mit verschiedenen Wurfgegenständen (unterschiedlich große Bälle, Indiacaball, Gummiringe, Bohnensäckchen) aus einer bestimmten Entfernung auf den Basketballkorb werfen. Die Gegenstände können in einem kleinen Kasten neben der Abwurflinie abgelegt werden.

193

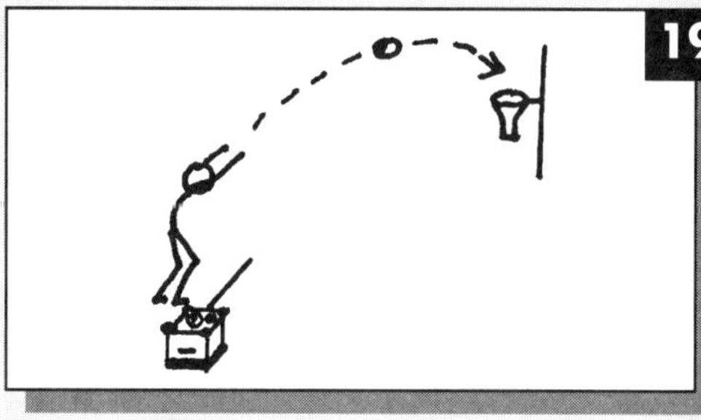

Werfen auf den Basketballkorb von unterschiedlichen Höhen

194

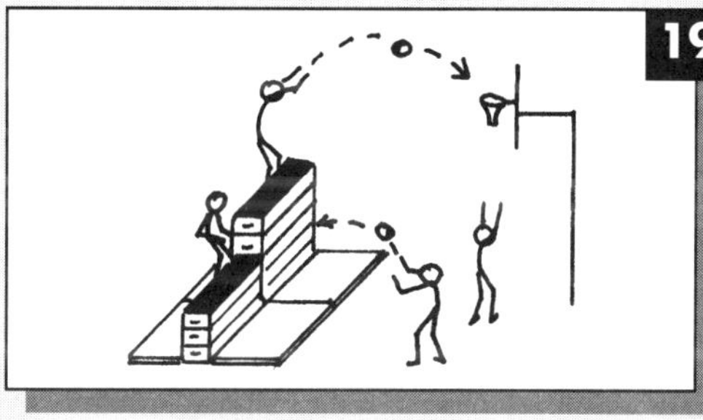

Werfen auf Ziele einer Wurfstation, von Schülern selbst gebaut, bestehend beispielsweise aus einem großen Kasten, 2 kleinen Kästen, einem Kastenteil, 2 Markierungshütchen und einem Medizinball.

195

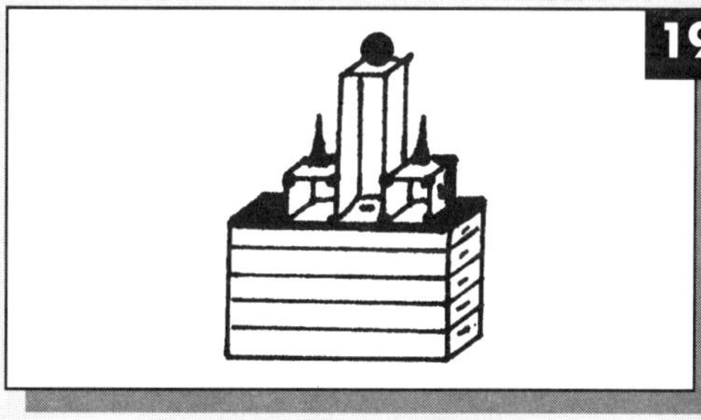

Einen Tennis-, Schlag- oder kleinen Gymnastikball einem auf kleinem Kasten stehenden Mitspieler so zuwerfen, daß er ihn mit einem umgedrehten Markierungshütchen auffangen kann.

196

Werfen auf Ziele

197

Werfen auf Gymnastikreifen, die an einem höher gezogenen Ring mit Bändchen befestigt sind. Zu zweit kann auch versucht werden, sich einen Gymnastikball durch die Reifen zuzuwerfen.

198

Werfen mit Schlagbällen oder Bohnensäckchen auf einen pendelnden Gymnastikreifen, der an einem höher gezogenen Ring befestigt ist. Damit die Schüler den Reifen bewegen können, wird an den Gymnastikreifen ein Seilchen mit einem Gummiring angebracht.

199

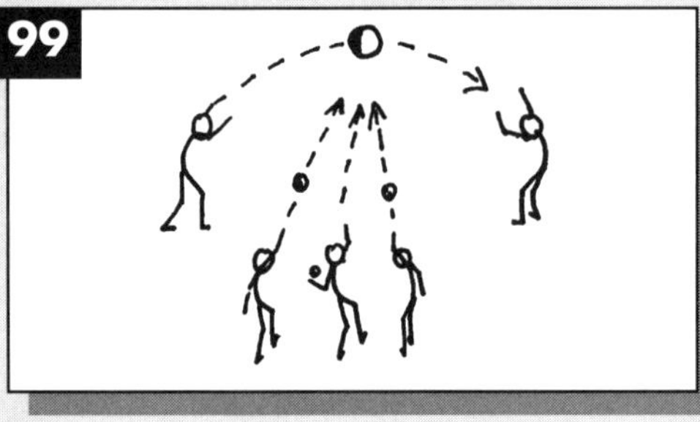

Zielwerfen auf einen großen Schwimmball (Plastikball, auch Basketball), den sich zwei Schüler im möglichst großen Bogen zuwerfen.

200

Werfen auf einen Gymnastikreifen, der von zwei Schülern auf einer erhöhten Bank hin und her gerollt wird.

5.3 Springen, Überspringen, Zielspringen

Aus einem beliebigen Anlauf auf die Matte so draufspringen, daß sie vorwärtsgetrieben wird. Eventuell im Wettbewerb die Matte durch ein Ziel treiben, z.B. zwischen zwei Wendestangen.

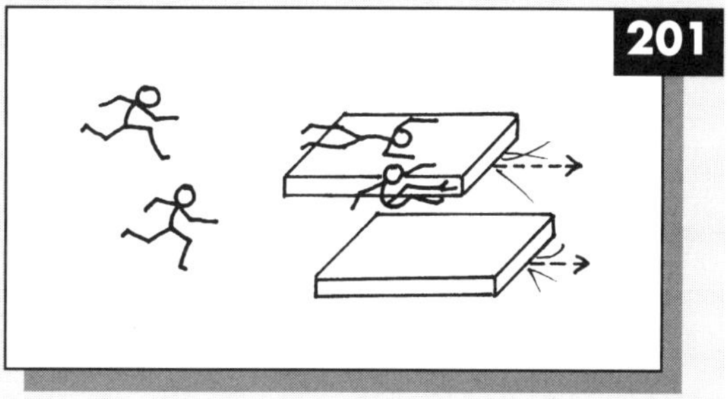

Abspringen von der Gitterleiter aus zunehmender Höhe mit Landung auf den Füßen und gegebenenfalls anschließender Rollbewegung.

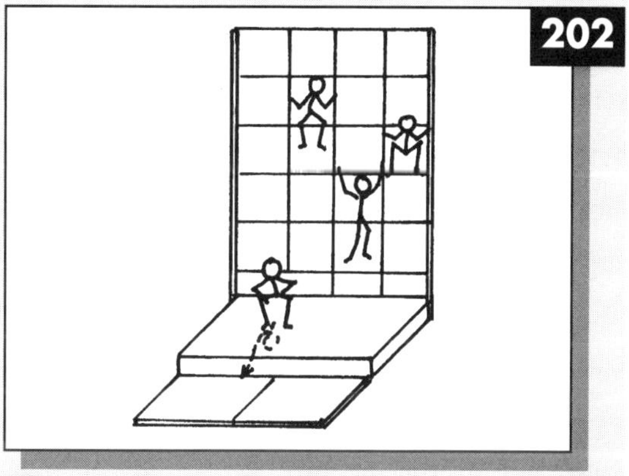

Niedersprünge aus selbstgewählter Höhe auf eine Niedersprungmatte (keine Überschläge von der Bank!!!)

Überwinden/Überspringen von Kästen unterschiedlicher Höhe und Breite

Bewegungsbeispiele: Nach beidbeinigem Absprung: Aufknien, Aufhocken, Hocke, Hockwende oder nach einbeinigem Absprung und einarmigem Abstützen Schersprünge ...

DIFFERENZIERUNG

Springen, Überspringen, Zielspringen

205

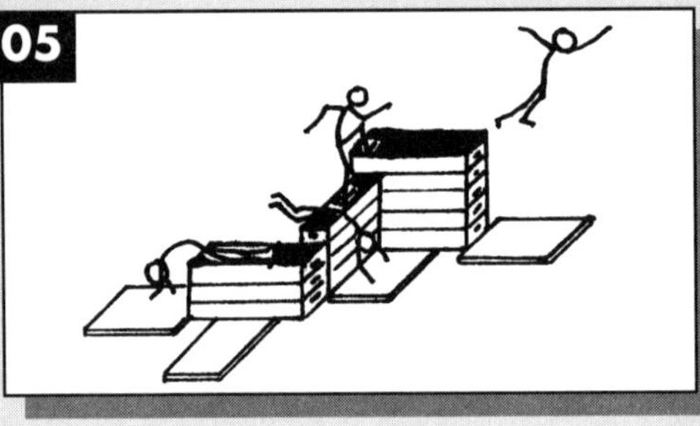

Strecksprünge von großen Kästen, die in unterschiedlicher Höhe miteinander kombiniert sind. Oder: Schnell hintereinander von einer Seite aufspringen, Kastenkombination überwinden, nach anderer Seite abspringen. Oder: Nach dem Aufsprung auf einen Kasten in die Bauchlage gehen, auf eine Matte abrollen ...

206

Zielspringen (auch rückwärts) in verschiedene Zonen nach Anlauf über eine Kastentreppe (Keine Überschläge vom großen Kasten!!!)

207

Weitsprünge über einen Mattengraben mit Landung auf einer Niedersprungmatte (Keine Überschläge vom großen Kasten!!!)

208

Sprünge auf eine Mattenbahn

Aufgaben: Federnder Niedersprung .. Niedersprung mit Abrollen vorwärts .. Absprung, halbe Drehung, Niedersprung, Abrollen rückwärts .. Absprung, Kunststücke in der Luft (z.B. in die Hände klatschen oder in der Luft weiterlaufen usw.), Landung, Abrollen vorwärts oder rückwärts ...

Springen, Überspringen, Zielspringen

Verschiedene Kunstsprünge über einen Mattengraben auf eine Niedersprungmatte nach einem Anlauf über schräggestellte Bänke auch auf Taschentücher, Handtücher, Teppichfliesen etc. (Keine Überschläge vom großen Kasten!!!)

209

Anlauf über eine Bank, nach dem Niedersprung Abrollen vorwärts. Bei Beherrschen der Aufgabe auch als Konditionstraining durchführbar.

210

5.4 Schwingen und Schaukeln an Tauen, Ringen und Trapezen

211

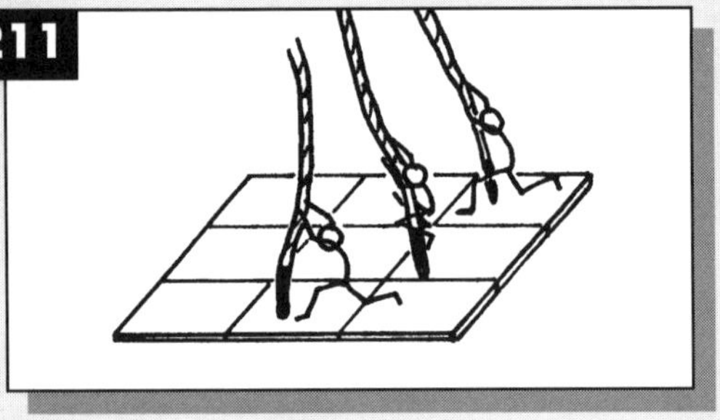

Schwingen aus dem Anlauf

212

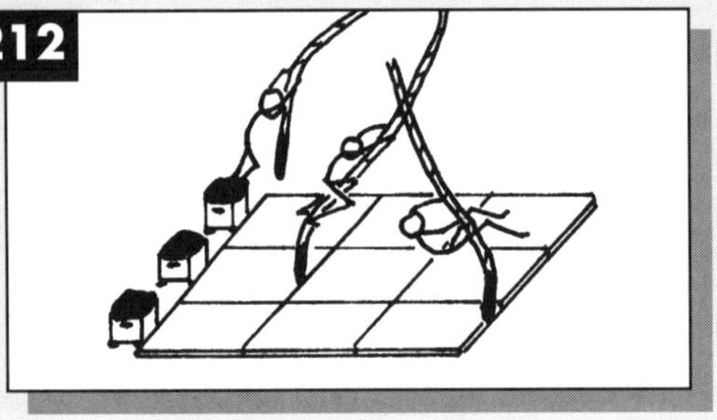

Schwingen von kleinen Kästen; dabei den Schwung so dosieren, daß ein Zurückschwingen zum Kasten möglich ist.

213

Schwingen von einer Kastentreppe bestehend aus kleinen Kästen

214

Schwingen von einer Bank mit Ziellandung in mit Kreide markierte Zonen (wenn vorhanden auch Teppichfliesen, Handtücher, Taschentücher etc. verwenden)

215

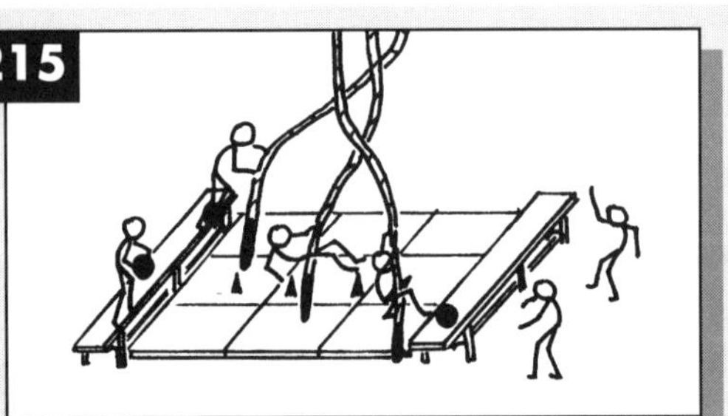

Schwingen von Bank zu Bank mit Zusatzaufgaben wie: Ball zwischen den Beinen transportieren oder Hütchen vom Boden aufsammeln oder Medizinbälle von der Bank mit den Füßen wegschlagen usw.

Schwingen und Schaukeln an Tauen, Ringen und Trapezen

Schwingen von einer Bank mit Ziellandung auf unterschiedlich weit entfernten kleinen Kästen

Schwingen über einen Mattengraben, auch mit Ziellandung auf einer Niedersprungmatte

Weitschwingen aus unterschiedlichen Höhen, auch zu zweit an einem Tau oder alleine an zwei Tauen hängend

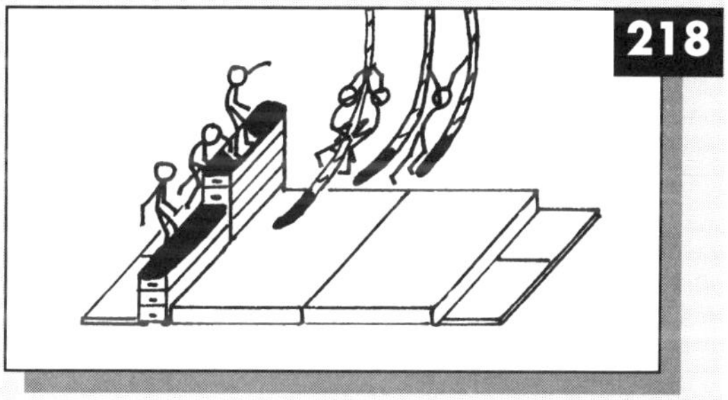

Schwingen von Kasten zu Kasten auch mit Balltransport zwischen den Füßen

Kunststücke an Ringen wie z.B. Schwingen mit angezogenen Knien, mit halber Drehung, Schaukeln im Sitzen ...

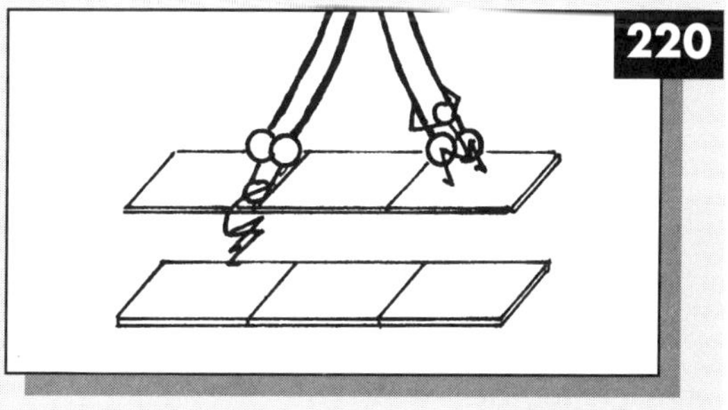

Schwingen und Schaukeln an Tauen, Ringen und Trapezen

221

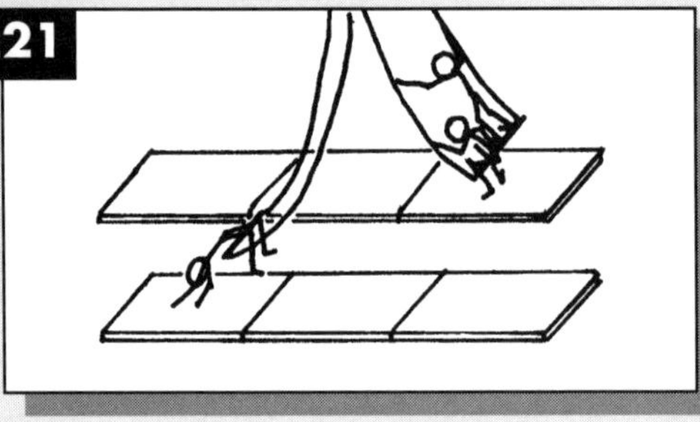

Kunststücke am Trapez wie z.B. Schaukeln im Sitzen, im Stehen, freihändig im Kniehang, auch zu zweit

222

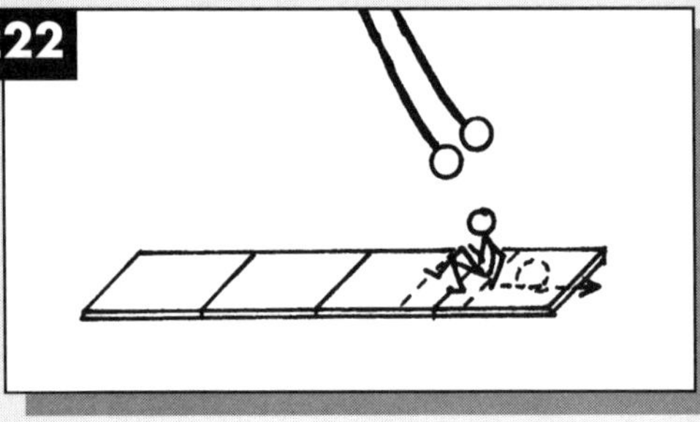

Aus dem Pendeln die Ringe loslassen, in der markierten Zone auf den Füßen landen, gegebenenfalls je nach Impuls vorwärts oder rückwärts abrollen.

223

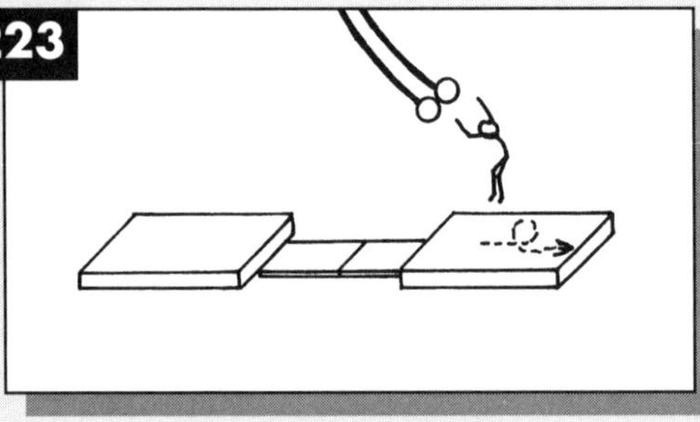

Aus dem Pendeln/Schwingen die Ringe über der Niedersprungmatte loslassen. Nach der Landung auf den Füßen gegebenenfalls je nach Impuls abrollen.

5.5 Klettern und Hangeln am Barren und am Reck

Zwei Barren mit gleich hohen Holmen aneinander gestellt:

Bewegungsbeispiele: Auf allen vieren über die Holme kriechen, aufrecht über die Holme gehen, Kniehang an einem Holm ...

(Statt Niedersprungmatten können auch Turnmatten verwendet werden)

224

Zwei Stufenbarren aneinander gestellt:

Bewegungsbeispiele: Umschwünge an unterschiedlich hohen Holmen, Balancieren auf dem niedrigeren Holm, Hangeln an dem höheren Holm, Hockwende über den hohen Holm, Abspringen vom hohen Holm auf die Niedersprungmatte ...

(Statt Niedersprungmatten können auch Turnmatten verwendet werden)

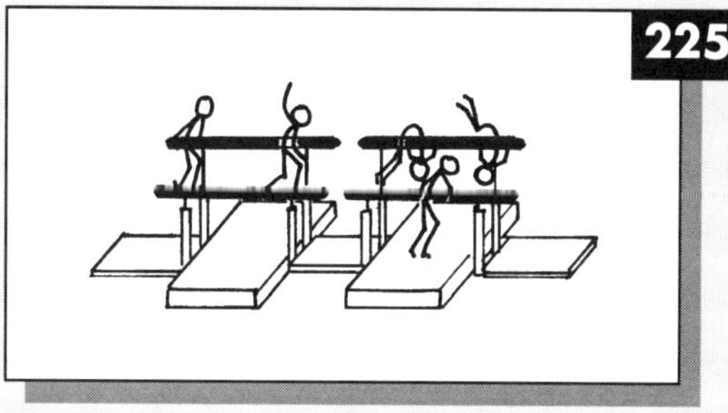

225

„Kletterberg" aus zwei Barren:

Bewegungsbeispiele: Den "Berg" auf allen vieren überwinden, im Stütz hochgehen, mit den Beinen vorschwingen und grätschen beim Heruntergehen, einen Handstand oder Kopfstand unter dem Gerät versuchen, dabei die Beine zwischen den Holmen abstützend grätschen ...

(Statt Turnmatten können auch Niedersprungmatten verwendet werden)

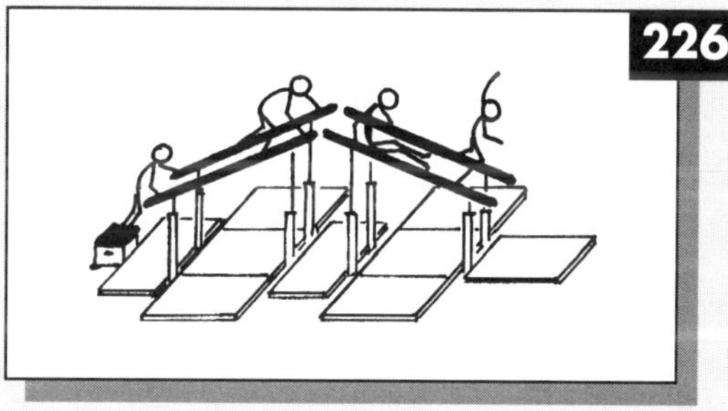

226

„Kletterturm" aus zwei unterschiedlich hohen Parallelbarren:

Bewegungsbeispiele: Balancieren in unterschiedlichen Höhen mit Absprung auf eine Niedersprungmatte, Aufschwünge mit unterstützendem Fußabstoß vom anderen Holm, Schwingen und Hangeln ...

(Statt Turnmatten können auch Niedersprungmatten verwendet werden)

227

Zwei Barren mit schrägen Holmen aneinandergestellt:

Bewegungsbeispiele: Klettern über schräge Holme, während des Kletterns die Holme wechseln, Hockwende über den schrägen Holm ...

(Statt Niedersprungmatten können auch Turnmatten verwendet werden)

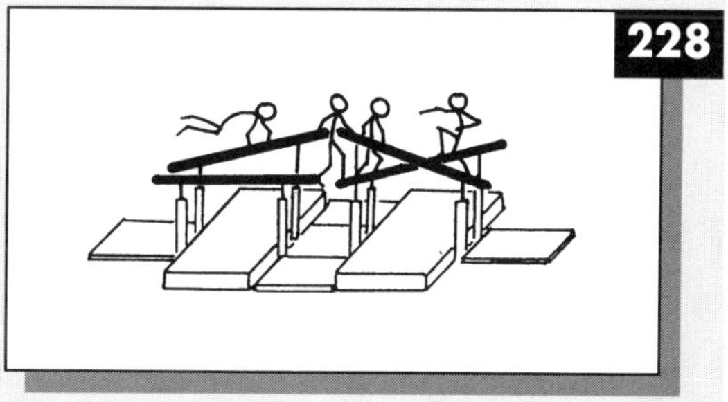

228

Klettern und Hangeln am Barren und am Reck

229

Klettern auf Barren mit Bänken als Auf- bzw. Abstiegshilfen:

Bewegungsbeispiele: Von einer Seite die Bank hochgehen, sich auf dem Bauch hochziehen, von der anderen Seite in der Bauchlage oder im Sitzen runterrutschen oder beide Bänke als Aufstiegshilfe nutzen, bis zum Barrenende balancieren, runterspringen auf eine Niedersprungmatte ...

230

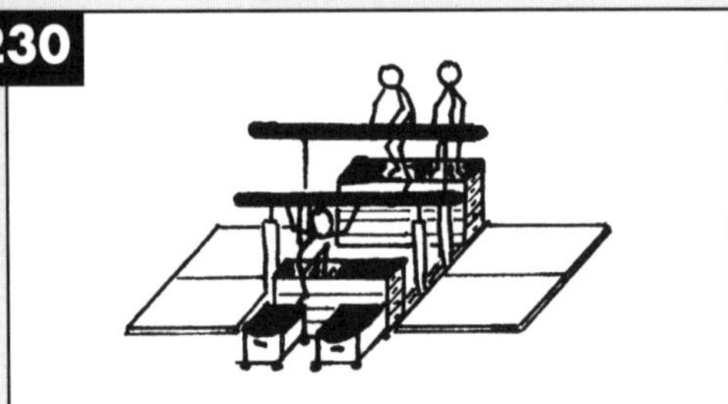

„Klettertreppe" aus Barren, großen und kleinen Käten:

Bewegungsbeispiele: Die Kästen als Aufstiegshilfen nutzen, Treppensteigen über den Stufenbarren

231

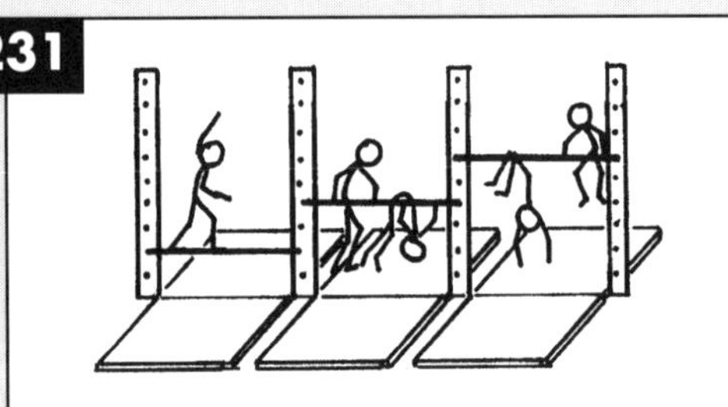

Recks mit unterschiedlich hohen Reckstangen:

Bewegungsbeispiele: Schwingen, Hangeln, Balancieren, Felgumschwung, Felgabzug, Hockwende ...

232

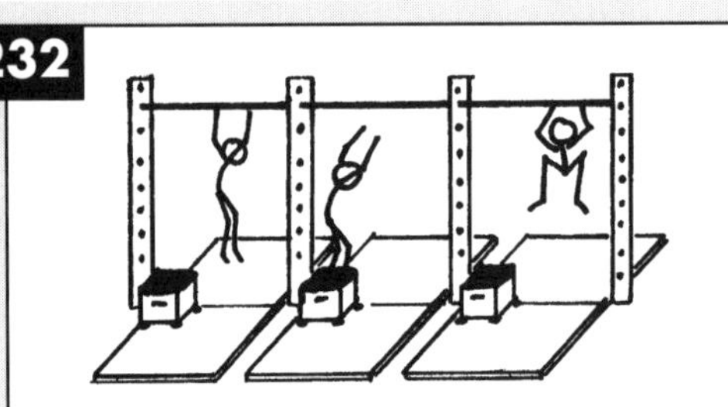

Recks mit hohen Reckstangen:

Bewegungsbeispiele: Von Kasten zu Kasten hangeln, Beine und Arme anziehen, sich mit einer Hand festhalten ...

233

„Reckfenster":

Bewegungsbeispiele: Die höchste Reckstange überklettern, Hangeln zwischen den Reckstangen, Felgumschwung in unterschiedlicher Höhe, Felgabzug, Felgaufschwung ...

Mit Seilchen zusammengebundene Matten um Reckstangen:

Bewegungsbeispiele: Auf dem Bauch über die Matte rutschen, Handstand/Kopfstand, abrollen, freies Spielen im Tunnel, Liegestütz mit Füßen auf der Matte ...

234

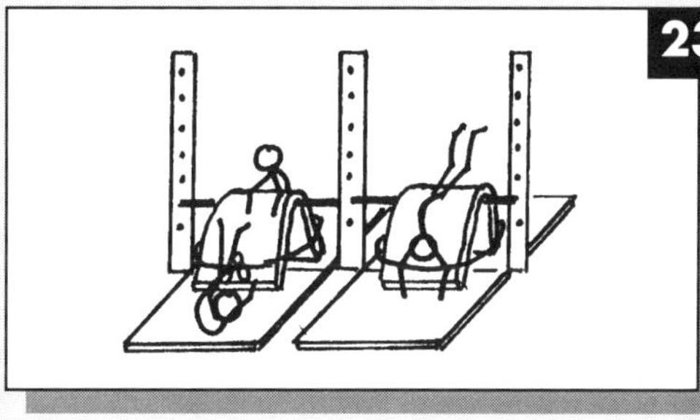

Bänke in unterschiedlich hohe Reckstangen einhängen:

Bewegungsbeispiele: Bänke als Auf-/Abstiegshilfen benutzen, auf der Reckstange sitzend Balance halten, Kniehang auch mit Aufsetzen der Hände auf den Boden ...

235

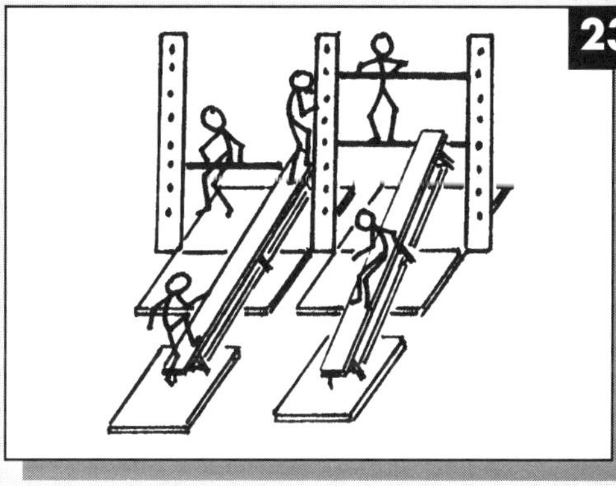

Schräger Kastendeckel vor einem Reck:

Bewegungsbeispiele: Felgaufschwung mit Kastendeckel als Abstoßhilfe, im Kniehang den Kastendeckel mit den Händen hochgehen ...

236

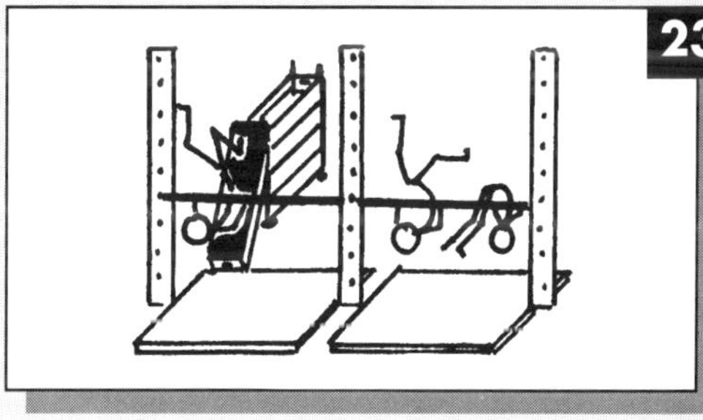

Reck als „Kletterwand“:

(mindestens 2 Reckstangen befestigen, um der Niedersprungmatte genügend Halt zu geben)

Bewegungsbeispiele: Die Bank hochklettern, die Niedersprungmatte runterrutschen, Kopfstand, Handstand vom Mattenberg gegen die Niedersprungmatte.

237

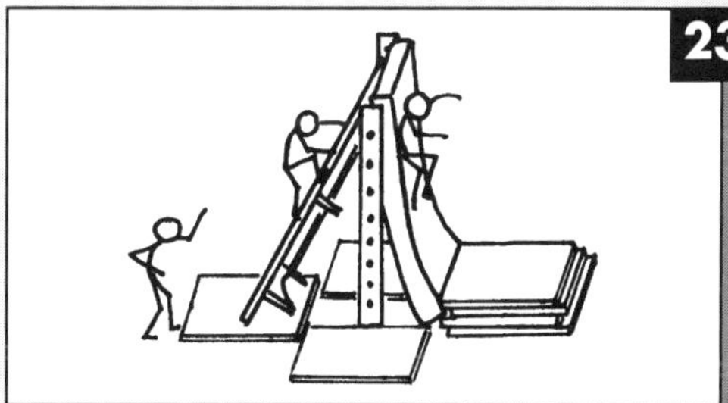

6. Komplexe Übungsformen – Schulung der koordinativen Fähigkeiten durch Gewandheitsläufe über Gerätebahnen

Eine der Möglichkeiten, möglichst alle fünf grundlegenden koordinativen Fähigkeiten gleichzeitig anzusprechen und zu verbessern, bieten Gewandtheitsläufe über Gerätebahnen.

Zahlreiche Ideen, wie eine Gerätebahn aussehen kann, sind in diesem Abschnitt zusammengefaßt. Selbstverständlich können diese Vorschläge je nach Hallengröße und Geräteausrüstung ergänzt und verändert werden.

Bei Gerätebahnen werden gleiche oder verschiedene Geräte hintereinander aufgebaut und nach einem eindeutig festgelegten Laufweg (Beispiele siehe Abschnitt 6.1) beliebig oder mit vorgegebenen Aufgaben zu den einzelnen Geräten überwunden.

Dabei können die Aufgaben in Abhängigkeit von den Geräten wie folgt variiert werden:

- Gleiche Geräte - gleiche Übungen
- Gleiche Geräte - verschiedene Übungen
- Verschiedene Geräte - gleiche Übungen
- Verschiedene Geräte - verschiedene Übungen

Das Überwinden von Gerätebahnen sollte nicht nur in Staffelform als Wettkampf durchgeführt werden. Sinnvoller ist es, die Schüler am "laufenden Band" selbständig zu einem festgelegten Zeitpunkt starten zu lassen (z.B. "der nächste startet, wenn der vordere den großen Kasten überquert hat"). Nach beispielsweise drei Bahnüberquerungen nutzt man eine kurze Erholungspause dazu, neue Bewegungsaufgaben zu stellen. Grundsätzlich gilt: Wenn ein Schüler eine Aufgabe nicht lösen kann, soll er das Gerät überwinden können wie er will.

Bei der Durchführung eines Gewandtheitslaufes haben sich zwei Organisationsformen bewährt:

1. Die Gerätebahnen werden nach einer Skizze in Arbeitsteilung von mehreren Gruppen komplett aufgebaut. Kommen mehrere Geräte zum Einsatz, die höhere Anforderungen an die Schüler stellen, sollte vor der ersten Überquerung den Schülern eine Erprobungszeit eingeräumt werden. Man läßt sie anschließend am "laufenden Band" die Bahn in beliebiger Form überwinden. Sind die Schüler mit der Bahn vertraut, stellt man in regelmäßigen Laufintervallen an den einzelnen Geräten verschiedene Bewegungsaufgaben, z.B. Felgabschwung am Reck oder Kastenteil überspringen oder Radwende am kleinen Kasten usw., die das Überwinden der Gerätebahn abwechslungsreicher machen und auch neue Herausforderungen an die Schüler stellen.

2. Nur der Startpunkt, ein oder zwei Geräte und der Wendepunkt der Gerätebahn werden zu Beginn aufgebaut. Regelmäßig nach mehreren Überquerungen wird die Bahn um weitere Geräte ergänzt und damit um neue Bewegungsaufgaben erweitert.

Wiederholtes Durchlaufen einer Gerätebahn fördert je nach Gerätezusammenstellung verschiedene koordinative Fähigkeiten. Die Schüler gewinnen z.B. Sicherheit am Gerät (Differenzierungsfähigkeit). Sie müssen schnell umschalten können von einer Bewegung zur anderen (Reaktionsfähigkeit), den richtigen Laufweg erkennen und die vorauslaufenden Mitschüler beim Überqueren von Geräten wahrnehmen (Orientierungsfähigkeit), den Bewegungsfluß aufnehmen (Rhythmusfähigkeit), balancieren können (Gleichgewichtsfähigkeit).

An zwei Beispielen, die ein unterschiedliches Anspruchsniveau haben, soll erläutert werden, durch welche Aufgaben die grundlegenden koordinativen Fähigkeiten bei einem Gewandtheitslauf verbessert werden können. Auch hier ist zu beachten, daß es sich um Übungsformen mit komplexen Wirkungen handelt. In den Beispielen wird jeweils auf die Verbesserung der Fähigkeiten verwiesen, die dabei im Vordergrund steht.

Beispiel 1

238

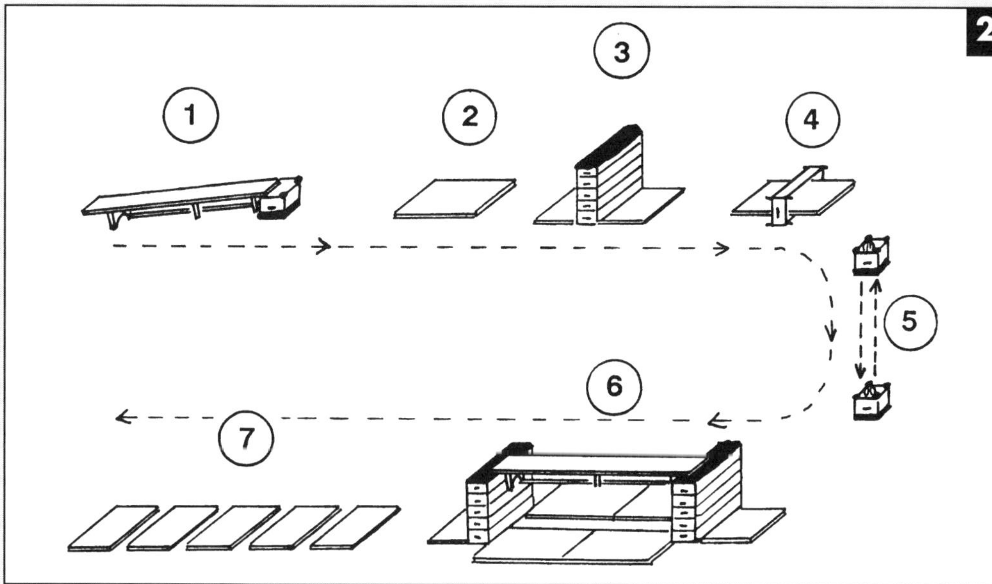

1. Einen Ball über die schräge Bank rollen und in den Kasten legen: Gleichgewichtsfähigkeit und Differenzierungsfähigkeit

2. Rolle auf der Matte: Orientierungsfähigkeit und Differenzierungsfähigkeit

3. Den großen Kasten überwinden: Differenzierungsfähigkeit

4. Hockwende, zurück durch das Kastenteil kriechen, nochmal Hockwende, weiterlaufen: Differenzierungsfähigkeit und Orientierungsfähigkeit

5. Die Bälle so schnell wie möglich in den Kästen austauschen: Reaktionsfähigkeit

6. Balancieren über eine höhergestellte Bank: Gleichgewichtsfähigkeit

7. Von Matte zu Matte laufen: Rhythmusfähigkeit

Beispiel 2

239

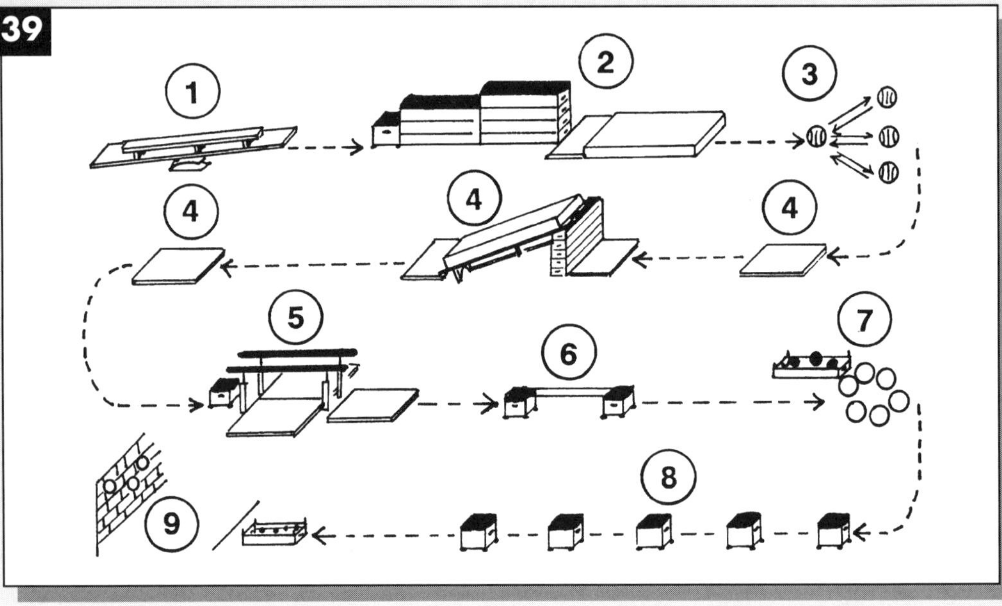

1. Bank als Wippe: Gleichgewichtsfähigkeit
2. Weitsprung von einer Kastentreppe: Rhythmusfähigkeit und Differenzierungsfähigkeit
3. Schnelles Laufen laut Skizze zwischen den Bällen, die Bälle mit einer Hand berühren: Reaktionsfähigkeit
4. Rollen sowohl auf den auf dem Boden liegenden Matten als auch über die schräge Ebene: Orientierungsfähigkeit und Differenzierungsfähigkeit
5. Beliebiges Überwinden des Barrens: Gleichgewichtsfähigkeit und Differenzierungsfähigkeit
6. Balancieren über zwei Reckstangen: Gleichgewichtsfähigkeit
7. Zielprellen in auf dem Boden liegende Reifen: Differenzierungsfähigkeit
8. Kleine Kästen überlaufen: Rhythmusfähigkeit
9. Zielwerfen auf an der Wand befestigten Reifen: Differenzierungsfähigkeit

Weitere Beispiele für Laufwege, Gerätebahnen und Überwindungsmöglichkeiten sind in den Abschnitten 6.1 und 6.2 zusammengefaßt.

6.1 Mögliche Laufwege

In der Mitte hin, außen zurück

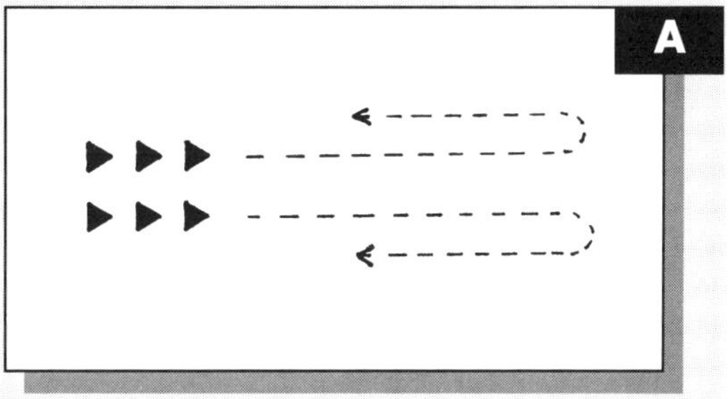

Schlangenlinie

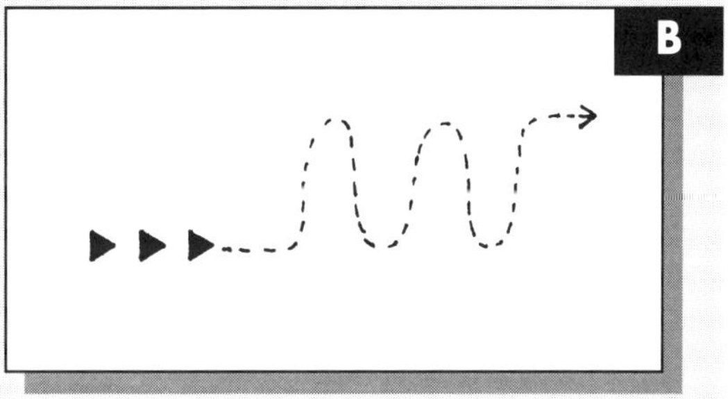

Im Wechsel hin und her

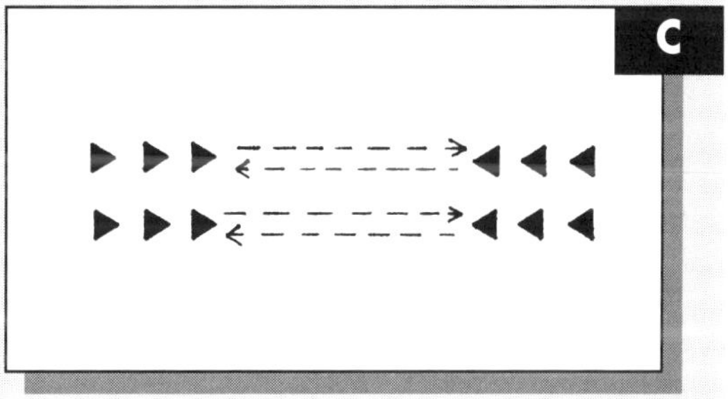

Wellenlinie

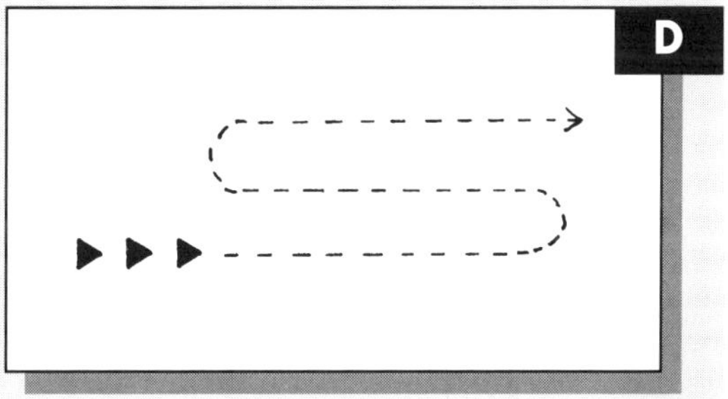

Dreibahnenlauf

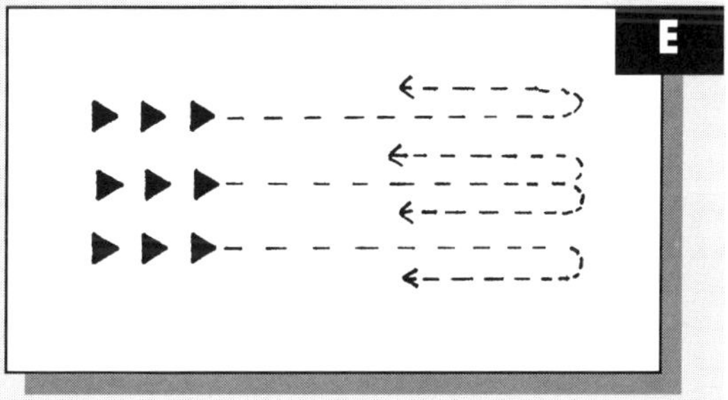

6.2 Beispiele für Gerätebahnen

240

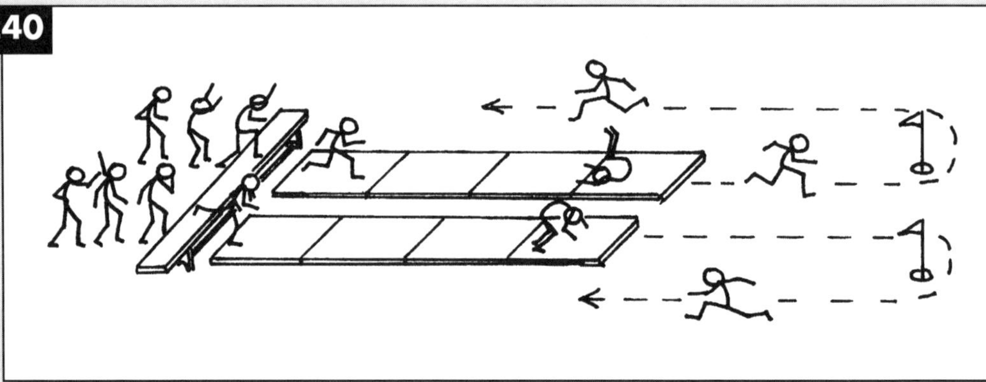

Beispiel 1

Überwindungsmöglichkeiten: Von der Bank abspringen, Rolle aus dem Stand auf der letzten Matte; schnell zurücklaufen

oder: Aus dem Kniestand von der Bank abrollen, Mattenbahn rückwärts laufen, schnell vorwärts laufen bis zum Wendepunkt, im Seitgalopp auf dem Rückweg

oder: Hockwende an der Bank, Zappelhandstand auf der letzten Matte, auf einem Bein zurückhüpfen .

241

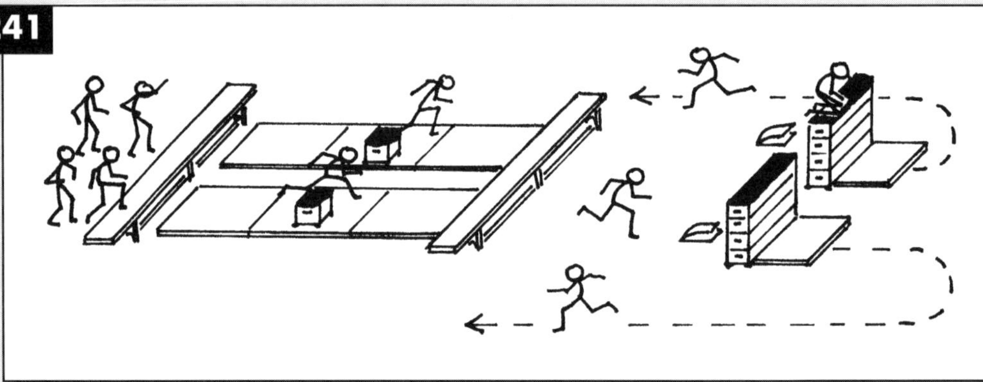

Beispiel 2

Überwindungsmöglichkeiten: Beliebig/schnell

oder: An Bänken und kleinem Kasten eine Hockwende, beidbeiniger Absprung und Aufknien auf großen Kasten

oder: Unter der ersten Bank durchkriechen, kleinen Kasten überspringen, Rad über die zweite Bank, Strecksprung vom großen Kasten ...

242

Beispiel 3

Überwindungsmöglichkeiten: Auf der ersten und dritten Matte Rolle vorwärts aus dem Stand, beliebiges Überwinden von kleinen Kästen

oder: Auf jedem Kasten Rad, Radwende oder Hockwende

oder: Von kleinen Kästen einbeinig abspringen, auf der Matte landen ...

243

Beispiel 4

Überwindungsmöglichkeiten: Querliegende Matten überspringen, längsliegende Matten überrollen, Bänke vorwärts, rückwärts, auf allen vieren hochlaufen oder Medizinbälle die Bank entlang hochrollen, verschiedene Kunstsprünge von der Kastentreppe auf die Niedersprungmatte, kleine Kästen überspringen, im Slalom umlaufen ....

Beispiele für Gerätebahnen

244

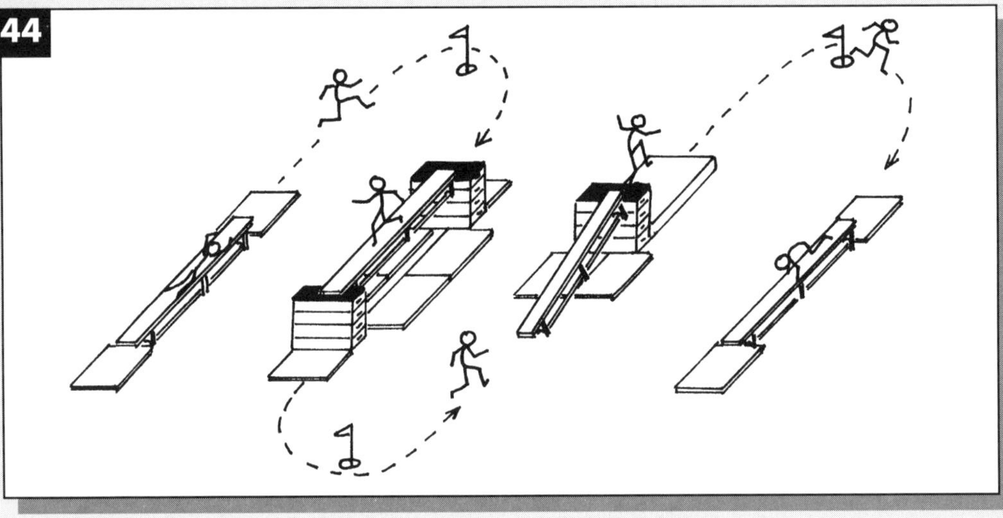

Beispiel 5

Überwindungsmöglichkeiten: Alle Bänke auf allen vieren überwinden

oder: In der Bauchlage sich nach vorne ziehen, abrollen auf die Matte, hohe Bank überqueren/überlaufen, Weitsprung auf die Niedersprungmatte, sechs Hockwenden über die letzte Bank

oder: Unter der ersten Bank zweimal durchkriechen, zweite Bank rückwärts überqueren, über die dritte Bank sich auf dem Bauch hochziehen, abrollen auf die Niedersprungmatte, auf der vierten Bank jeweils mit einem Fuß oben gehen (den anderen auf dem Boden) ...

245

Beispiel 6

Überwindungsmöglichkeiten: Bank überlaufen, auf der Matte rollen um die Längsachse mit gestreckten Händen, von Kasten zu Kasten springen, Rad/Radwende über Kastenteil, schnell zurücklaufen

oder: Über die Bank auf einem Bein hüpfen, Rolle rückwärts auf der Matte, von Kasten zu Kasten springen, durch das Kastenteil durchkriechen ...

246

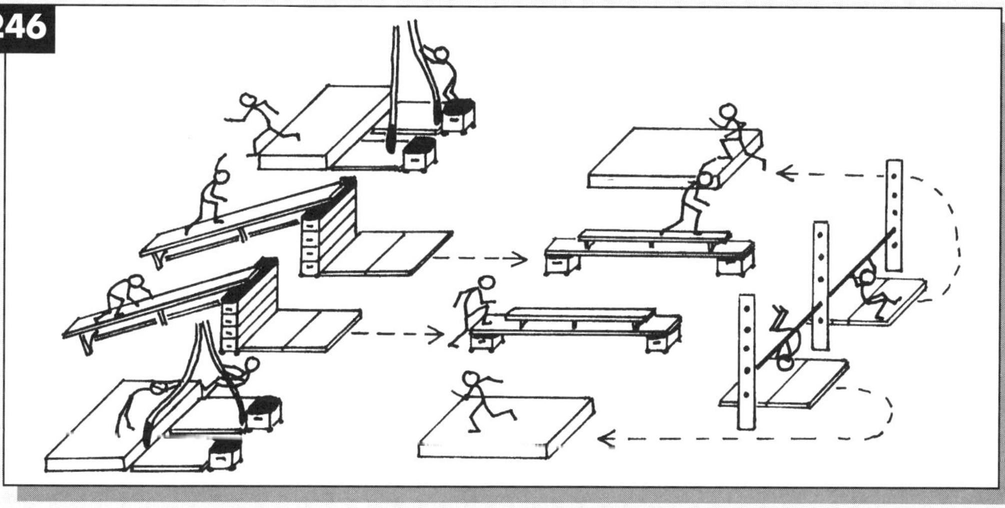

Beispiel 7

Überwindungsmöglichkeiten: Jeder wie er kann, aber mit Felgabzug am Reck und Rolle auf der Niedersprungmatte

oder: Jeder wie er kann, aber mit Überklettern der Reckstange

oder: Jeder wie er kann, aber mit einer Hockwende über der Bank und anschließend unter der Bank durchkriechen und vom kleinen Kasten auf die Matte schwingen ...

247

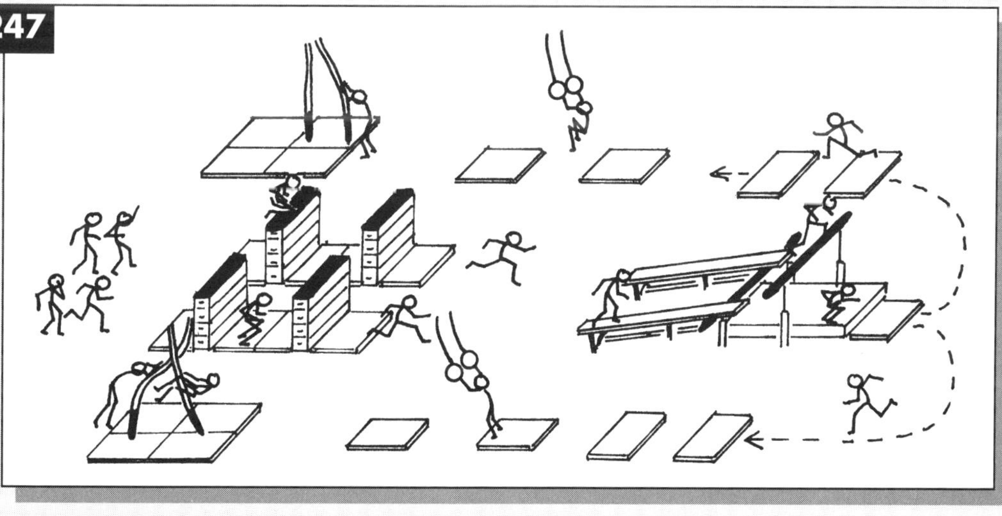

Beispiel 8

Überwindungsmöglichkeiten: Die großen Kästen überklettern, die Bänke hochlaufen, Unterschwung vom hohen Holmen auf die Niedersprungmatte, Weitsprung über einen Mattengraben, an den Ringen von Matte zu Matte mit angezogenen Knien schaukeln, an Tauen schwingen aus dem Anlauf über die Matten ...

7. Methodische Empfehlungen zum Sportunterricht an der Grundschule

Der Sportunterricht in der Grundschule, durch den die Schüler zu mehr Bewegungssicherheit gelangen, hängt nicht nur von der Auswahl der Inhalte, sondern auch von der methodischen Gestaltung des Unterrichts ab.

Bestimmte Grundsätze sind im Abschnitt 7.1 erläutert.

Zu manchen Unterrichtsvorschlägen gehören Großgeräte. In der Regel ist es dabei erforderlich, mehrere Großgeräte (-arrangements) aufzustellen. Die Erfahrung zeigt, daß vier bis sechs Schüler den Auf- und Abbau eines Gerätes leisten können, so daß es möglich ist, in relativ kurzer Zeit mehrere Stationen gleichzeitig aufzubauen. Wie das zu organisieren ist und wie die Schüler den Umgang mit Matten und Geräten lernen können, ist im Abschnitt 7.2 "Anregungen zum Geräteauf- und -abbau" beschrieben.

METHODIK

7.1 Hinweise zu Unterrichtsmethoden

Die Anwendung bestimmter methodischer Prinzipien soll zweierlei bewirken:

- Einerseits sollen die Schüler dazu animiert werden, sich oft an der Grenze ihrer Leistungsfähigkeit zu bewegen,
- andererseits sollen die Schüler lernen, sich situationsangemessen zu verhalten, d.h. ihre Leistungsfähigkeit realistisch einzuschätzen, ihr Verhalten darauf abzustimmen und keine unsinnigen Risiken einzugehen.

Für beide Forderungen ist es von wesentlicher Bedeutung, daß im Unterricht alle Möglichkeiten zur individuellen Dosierung genutzt werden.

Bei dem Begriff "Dosierung" wird an den physischen, aber auch emotional/affektiven und sozialen Bereich gedacht. Gerade der Sportunterricht bietet eine Vielzahl von Möglichkeiten zur Differenzierung im Unterricht, die dem angesprochenen Anliegen gerecht werden.

Einige wichtige Grundsätze:

1. Die Schüler bestimmen den Schwierigkeitsgrad selbst

Ideal ist eine Aufgabe dann, wenn die Schüler den jeweiligen Schwierigkeitsgrad selbst bestimmen können. Schüler, die bei der Wahl des Schwierigkeitsgrades ein unrealistisches Anspruchsniveau zeigen, werden individuell von der Lehrkraft unterstützt.

Beispiel:
Schüler sollen eine schräggespannte Zauberschnur mit der Aufforderung überspringen: "Spring an der Stelle über die Schnur, an der Du Dir das zutraust!"
oder: Jeder Schüler ist im Ballbesitz. Der Lehrer stellt die Aufgabe: "Werft den Ball so gegen die Wand, daß Ihr ihn wieder fangen könnt. Den Abstand zur Wand könnt Ihr selber bestimmen."

2. Alle Schüler aktivieren

Übungen und Beispiele sollten so gestaltet werden, daß für keinen Schüler längere Wartezeiten entstehen. Nach Festlegung der Aufgabe müssen alle Schüler die Möglichkeit haben, aktiv zu werden.

Beispiel:
Wenn ein Gerät mit z.B. fünf Schülern ausgelastet ist, sollen mehrere Stationen aufgebaut werden.

3. Lange Übungsphasen gewähren

Den Schülern sollte ausreichend Zeit zu selbständigem Üben eingeräumt werden, damit sie die Gelegenheit erhalten, auf der Basis von Versuch und Irrtum Lernprozesse zu durchlaufen. Ein einmaliger Versuch, einen Bewegungsablauf zu erlernen, führt oft zu einem Mißerfolg. Das Kind sollte dann sofort die Möglichkeit haben, sich selbst korrigieren zu können und in einem neuen Versuch Verbesserungen anzustreben. Gerade im Grundschulalter zeigen Kinder großen Eifer beim Üben in dieser Form.

Beispiel:
Lange Übungsphasen beim Seilchenspringen mit der Aufgabenstellung: "Wieviel Sprünge schaffst Du ohne Fehler hintereinander?" berücksichtigen.

4. Hilfen geben

Die Schüler sollten die Hilfen erhalten, die sie brauchen, nicht weniger, aber auch nicht mehr. Alle Menschen wissen aus ihrer Kinderzeit, wie unerwünscht Hilfen sein können, die einem die Möglichkeit nehmen zu zeigen, was man alleine kann. Schüler sollen auch lernen, sich Hilfen zu holen.

Beispiel:
Beim Balancieren über eine "Wackelbank" dem Schüler nicht von vornherein Hilfen durch Anfassen aufzwingen. Abwarten, ob der Schüler Hilfe benötigt oder anfordert.

5. Korrekturen geben

Mit Korrekturen sollte man eher zurückhaltend sein. Der Lehrer sollte Vertrauen in die eigenständigen Lern- und Entwicklungsmöglichkeiten von Kindern haben. Kinder können in vielen Situationen selbst sinnvolle Beurteilungen abgeben und wissen oft, ob etwas richtig oder falsch ist.

Dies gelingt ihnen im Bereich des Sports viel eher, als dies etwa bei der Rechtschreibung der Fall ist. Die hier angesprochene Erfahrung selbständiger Lernmöglichkeiten kann den Kindern gerade im Sport gegeben werden. Immer dann, wenn Schüler grundsätzliche Fehler nicht selbst erkennen können, nimmt die Betreuung und Lenkung durch die Lehrperson zu.

Beispiel:
Beim Thema "Rollen an verschiedenen Geräten" können die Schüler oft selber entscheiden, ob ihre Ausführung gut war oder schlecht und schaffen es gegebenenfalls, ihre Bewegung selber zu korrigieren.

6. In Gruppen arbeiten

Es sollten Möglichkeiten der Partner- und Gruppenarbeit genutzt werden, bei denen die Schüler in den ihnen gegebenen Freiräumen organisieren und variieren lernen. Die gestellten Aufgaben müssen allerdings unter dem Gesichtspunkt einer sinnvollen sozialen Dosierung vorgenommen werden. Auch in diesem Bereich können Kinder sowohl über- als auch unterfordert werden.

Beispiel:
Die Klasse wird in "Künstlergruppen" eingeteilt, die gemeinsam ihre Kunststücke erarbeiten.

7. Individuelle Leistungsbewertung vornehmen

Die Leistung der Schüler sollte möglichst anhand der individuellen Bezugsnorm bewertet werden.

Beispiel:
"Heute prellst Du den Ball schon viel geschickter als in der letzten Stunde". Aber natürlich auch: "Das hast Du schon einmal besser gekonnt", wenn dies der Realität entspricht.

8. Schüleranregungen aufgreifen

Anregungen von Schülern müssen nicht immer umgesetzt werden, sollten aber auch nicht ignoriert werden. Der Lehrer sollte immer offen sein für außerplanmäßige Einflüsse und sinnvoll darauf reagieren.

Beispiel:
Der Lehrer will Unterschwünge am Reck üben. Die Schüler wollen lieber "Tarzanschwünge" am Seil machen. Weil die Bewegungen in beiden Übungen sehr ähnlich sind, greift der Lehrer den Vorschlag auf.

Die hier gegebenen Empfehlungen verdeutlichen, daß der Sportunterricht an der Grundschule immer ein gewisses Maß an Offenheit haben sollte. Exakte Bewegungsvorschriften kommen nur selten vor.

7.2 Anregungen zum Geräteauf- und -abbau

Großgeräte werden im Unterricht in der Grundschule im allgemeinen selten eingesetzt; besonders fachfremde Lehrer scheuen sich vor dem Geräteaufbau. Hinzu kommt, daß die Mehrzahl der Turnhallen nicht grundschulgemäß ausgerüstet sind: Zu schwere Matten, große Kästen, die nur durch Anheben transportierbar sind, große, schwere Barren, die mühevoll bewegbar sind, Recksäulen, die nicht aus dem Boden herausgezogen werden können, sondern getragen werden müssen, und vieles mehr, stellen die Lehrer vor große Probleme.

Alle die aufgezählten Schwierigkeiten sollten jedoch kein Grund dafür sein, auf diese Geräte zu verzichten. Im Gegenteil: Der Lehrer müßte hier vielmehr konsequenter die Hilfe der Schüler nutzen und sie frühzeitig zu selbständigem Auf- und Abbau der Geräte erziehen. Er sollte überwiegend nur eine Aufsichtsfunktion übernehmen, aber dort helfen, wo er gebraucht wird. Nur bei komplizierten Aufbauten und bei besonders schweren Geräten muß er mit anfassen.

Damit der Geräteaufbau gut organisiert werden kann, muß der Lehrer mit der Aufbautechnik vertraut sein, d.h. er muß wissen, wie ein Reck aufgebaut wird, wie Barrenholme verstellt werden, wie Ringe gesichert werden, wie eine Sprossenwand festgemacht bzw. zurückgefahren wird, usw. Es ist verständlich, wenn nicht alle Lehrer diese technischen "Tricks" beherrschen, aber es ist zwingend notwendig, daß man in diesem Falle den Mut aufbringt und sich den Aufbau bestimmter Geräte von einem Fachkollegen zeigen läßt.

Ein weiteres grundsätzliches Problem ist der Transport von schweren Großgeräten. "Den Kasten kann ich nicht bewegen, er ist mir zu schwer" darf nicht als Entschuldigung gelten. Mit Unterstützung des Lehrers schaffen es schon die Erst- und Zweitkläßler, große Geräte zu bewegen, wenn man ihnen die Technik gezeigt hat. Im 3. und 4. Schuljahr schaffen sie es dann auch alleine.

Ein großer Kasten kann beispielsweise problemlos von zwei Schülern angehoben und gerollt werden, wenn sie vorher den Kastendeckel und eventuell eine oder zwei Kastenteile herunternehmen. Es dürfte den Schülern keine großen Schwierigkeiten bereiten, eine Recksäule zu zweit oder zu dritt zu tragen.

Folgende Anregungen und Hinweise sollen helfen, den Geräteauf- und -abbau zu organisieren und durchzuführen:

1. Das Geräteauf- und -abbauenkönnen ist ein Ziel des Unterrichts, bei dem gleichzeitig Erziehung zum sicheren Verhalten stattfindet.
2. Die Schüler müssen den Geräteauf- und -abbau von Grund auf erlernen. Sie beginnen mit dem Transport von Kleingeräten und werden mit dem Auf- und Abbau von Großgeräten nach und nach vertraut gemacht.
3. Die Schüler müssen immer wieder darauf aufmerksam gemacht werden, daß
   - man im Geräteraum grundsätzlich auf keine Geräte klettern darf,
   - man nach einem Geräteaufbau mit dem "Erpro ben" erst beginnen darf, wenn der Lehrer es aus drücklich erlaubt hat (nach einer Überprüfung auf Funktionstüchtigkeit),
   - während des Geräteabbaus keiner mehr "noch eine letzte Übung" machen darf.
4. Gerade im ersten Schuljahr wird der Kleingeräteaufbau erheblich beschleunigt, wenn der Lehrer eine eindeutige Aufgabenverteilung vornimmt (z.B. Kleingruppeneinteilung: Wer baut welches Gerät auf .. in welcher Reihenfolge). Manchmal ist es empfehlenswert, den Ort zu markieren, wo die Geräte aufgebaut werden (z.B. durch Hütchen, Keulen etc.).
5. Entweder erklärt der Lehrer erst den gesamten Aufbau und dann erst beginnen alle Schüler gleichzeitig mit dem Geräteaufbau oder der Lehrer erteilt nacheinander einzelnen Schülergruppen ihre Aufgaben. Schüler, die fertig sind, kommen dann in die Kreismitte zurück und erhalten gegebenenfalls neue Aufgaben. Den Schülern müssen klare Anweisungen gegeben werden, wer wann welche Geräte aufbaut und es muß dafür gesorgt werden, daß die zur Verfügung stehende Zeit sinnvoll genutzt wird.
6. Beim Aufbau der Großgeräte sollte der Lehrer in den ersten Stunden wesentlich beteiligt sein. Die Schüler übernehmen zunächst nur die Aufgabe, die Geräte mit Matten zu sichern und gegebenenfalls mit kleinen Kästen, Bänken oder anderen Kleingeräten zu ergänzen. Der Abbau der Geräte sollte dazu genutzt werden, den Schülern den Transport einzelner Großgeräte zu erklären.
7. Die Schüler sollen lernen, Gerätestationen selbständig nach einem Plan aufzubauen. Den Plan kann man
   - auf eine Tafel zeichnen oder
   - auf einer Bodenmatte mit Symbolen, die aus Karton ausgeschnitten und immer wieder benutzt werden können, darstellen oder
   - auf Handzetteln erläutern, auf der jede Gruppe die Station, die sie aufbauen soll, sieht.
8. Um den Schülern den Geräteaufbau zu erleichtern, kann der Lehrer die Geräte schon aus dem Geräteraum herausholen und sie in der Halle auf einer räumlich abgegrenzten Stelle aufstellen, während die Schüler sich aufwärmen.
9. Die Aufteilung in Arbeitsgruppen kann zum Stundenauftakt spielerisch erfolgen, z.B. "Bänder fangen" (vgl. Nr. 56/bunte Bänder nehmen), "Kettenfangen" (vgl. Nr. 57) usw.
10. Bei der Übungsstation, an der Taue herausgezogen werden sollen, ist es sinnvoll, erst die Matten, Bänke, Kästen u.ä. aufzustellen und erst danach die Taue in Position zu bringen, da hier die Kinder ihrem Bedürfnis zu schaukeln kaum widerstehen können. Dasselbe gilt natürlich auch für die Ringe.

METHODIK

8. Stundenbeispiele

Die Vorgabe von Stundenbeispielen ist umstritten: In der Regel wird der Einwand erhoben, daß durch die Beispiele die Lehrer in ihren Maßnahmen und ihrer pädagogischen Selbstverantwortung bei der Unterrichtsgestaltung zu sehr eingeengt werden.

Dennoch werden im folgenden einige Stundenbeispiele gezeigt. Sie sollen verdeutlichen, wie die gegebenen Unterrichtsanregungen zu Sportstunden zusammengestellt werden können. Der Lehrer soll dadurch selbstverständlich in keiner Weise gebunden werden - er kann Stundenbeispiele übernehmen, er kann sie variieren oder er kann sie beiseite lassen. In einer langen Erprobungsphase hat sich gezeigt, daß gerade die Lehrer, die im Fachgebiet Sport nicht ausgebildet sind, die Stundenbeispiele als eine wesentliche Hilfe empfinden - auch wenn sie sie nicht direkt in die Praxis umsetzen, sondern lediglich Anregungen gewinnen, wie einzelne Vorschläge miteinander verbunden werden können.

Jeweils drei bis vier Einzelstundenbeispiele - unterteilt nach Inhalten für 1./2. und 3./4. Klasse - sind den Themenbereichen "Ball", "Laufen, Werfen, Springen" und "Sich bewegen an Großgeräten" zugeordnet. Weitere drei Unterrichtsentwürfe für Doppelstunden für die 3. und 4. Klasse zum Thema "Sich bewegen an Großgeräten" wurden hinzugefügt.

Bei allen Stundenbeispielen wurde versucht, Aufgaben im Sinne der Bewegungssicherheit zu stellen, bei denen:

- die Schüler den Schwierigkeitsgrad in Anpassung an ihre Leistungsfähigkeit selber bestimmen können und
- den Schülern über längere Zeiträume ein hohes Maß an Selbständigkeit gelassen wird und
- eine angemessene Bewegungsintensität für die Schüler garantiert ist.

Praktische Hinweise für die Arbeit mit den Stundenbeispielen:

1. Für die tatsächliche Unterrichtszeit wurden ca. 30 Minuten (1. und 2. Klasse) bzw. ca. 35 Minuten (3. und 4. Klasse) als realistisch eingeschätzt. Die Doppelstunden sind für ca. 75 Minuten geplant.
2. Die hier vorgestellten Stundenbeispiele wurden mehrfach erprobt und fanden sowohl bei Schülern als auch bei Lehrern große Zustimmung. Das soll nicht bedeuten, daß Lehrer, die die Stundenbeispiele den Vorschlägen entsprechend realisieren wollen, das dargestellte Schema beibehalten müssen: Wo der Lehrer Verbesserungsmöglichkeiten sieht, sollte er Korrekturen vornehmen.
3. Die hier vorgestellten Entwürfe sind nicht als Einstiegsstunden gedacht, sondern sie setzen gewisse Vorkenntnisse bei den Schülern voraus. Beispielsweise ist die Durchführung von verschiedenen Spielen auf drei Kleinfeldern nur dann sinnvoll, wenn die Spiele den Schülern bekannt sind; das Absolvieren eines Cirkuit-Trainings z.B. ist nur dann angebracht, wenn die Schüler die Übungen auch beherrschen.
4. Die eingeplanten Zeiten für den Aufbau von Großgeräten können nur dann eingehalten werden, wenn die Schüler bereits erste Erfahrungen mit dem Auf- und Abbau von Großgeräten gesammelt haben und der Lehrer den organisatorischen Rahmen gut vorbereitet hat.
5. Bei den Stundenbildern zum Themenbereich "Sich bewegen an Großgeräten" ist die Ausstattung der Halle zu berücksichtigen. Bedingt durch verschiedene Mattengrößen können geringfügige Unterschiede zu den Skizzen entstehen. Der Lehrer muß bei jedem Geräteaufbau selber entscheiden, wieviele Matten und welche Matten zur Absicherung der Geräte benötigt werden und ob gegebenenfalls auf den Aufbau der einen oder anderen Station verzichtet wird. Weil nicht immer in der Schulpraxis Ideallösungen möglich sind, muß von Fall zu Fall geprüft werden, welche Behelfslösungen bei Absicherung der Geräte noch tragbar sind.

1. Stundenbeispiel für 1. und 2. Klasse

1. "Laufende Schnur" überspringen (drunterkriechen).

Mehrere Durchgänge. Die Höhe der "laufenden Schnur" variieren.

2. Jeder Schüler hat einen Gymnastikball und kann damit spielen wie er will.

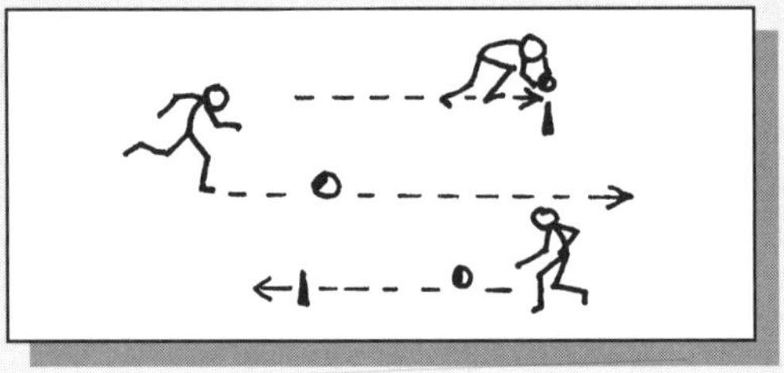

3. Kunststücke mit dem Ball

(vgl. Seite 58ff.)

Lehrer stellt Aufgaben, z.B.: Wer kann

- den Ball so hochwerfen, daß man ihn wieder fangen kann,
- den Ball fest gegen den Boden werfen,
- den Ball hoch vorwerfen, ihm nachlaufen und nach dem Aufprall auffangen,
- den Ball auf Ziele werfen (z.B. Sprossenwand, Basketballbretter, Fensterscheiben, Ringe etc.),
- den Ball so gegen die Wand werfen, daß man ihn wieder fangen kann (der Ball darf einmal den Boden berühren),
- den Ball so hoch wie möglich gegen die Wand werfen,
- den Ball mit dem Knie hochspielen, ihn einmal auftippen lassen und wieder fangen,
- den Ball mit der Faust gerade nach oben schlagen,
- den Ball rollen, hinterherlaufen und ihn vor einer Markierung aufnehmen usw.

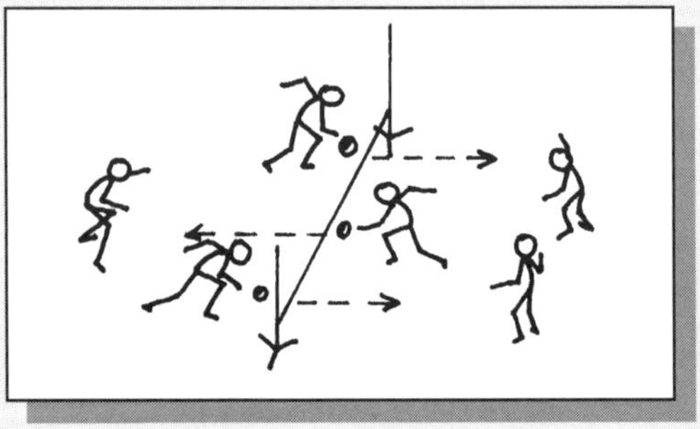

4. "Ball unter die Schnur" (auf einem Spielfeld)

Zwei Mannschaften sind durch eine ca. 40 cm hohe Zauberschnur getrennt. Sie versuchen, den Ball so zu rollen, daß er die gegenüberliegende Hallenseite berührt. Das Spiel sollte mit einem Ball eingeführt werden, später sind bis zu fünf Bälle zu verwenden, damit das Spiel bewegungsintensiv bleibt.

1. Räuber und Polizisten

Mehrere "Polizisten" (4 bis 8) fangen "Räuber", die sie im Mittelkreis der Halle "einsperren".

Ein "Räuber" kann befreit werden, wenn es einem anderen gelingt, ihm auf die ausgestreckten Hände zu schlagen. Da aber das Gefängnis von Polizisten bewacht wird, ist dies nicht so einfach. Gelingt es den "Polizisten", alle "Räuber" zu fangen?

Es ist empfehlenswert, die Polizisten mit Parteibändern zu kennzeichnen.

2. Ballprellen im Gehen und Laufen

Jeder Schüler hat einen Gymnastikball.

Lehrer stellt Aufgaben:

- Versuche, den Ball zu prellen: Beidhändig, mit der rechten Hand, hoch, tief, im Gehen, im Laufen.
- Durcheinandergehen, -laufen: Dabei den Ball beliebig prellen. Beim ersten Pfiff "wie vom Blitz getroffen" stehen bleiben und den Ball festhalten und nach zweimaligem Pfeifen weiterprellen.
- Durcheinandergehen,-laufen: Dabei den Ball prellen ohne ihn zu verlieren und ohne mit anderen Kindern zusammenzustoßen, gegebenenfalls das Feld nach und nach verkleinern.

3. "Ball unter die Schnur" auf drei Feldern

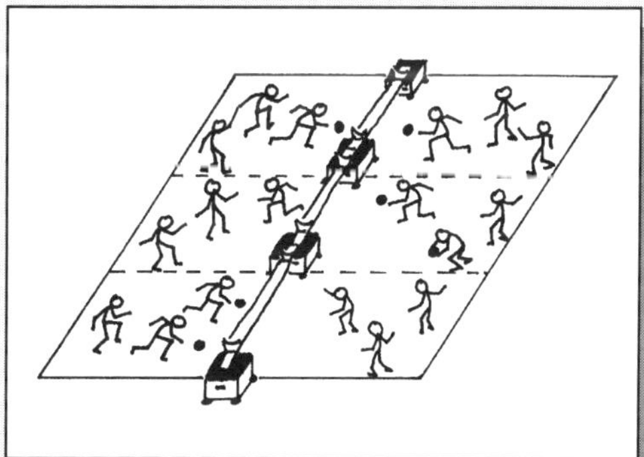

(vgl. Seite 17)

Die Schüler werden in sechs Mannschaften eingeteilt und auf drei Felder verteilt. In regelmäßigen Zeitabständen wechseln die Mannschaften ihren Gegner. Es ist empfehlenswert, mit 2 bis 3 Bällen pro Feld zu spielen.

Statt einer quergespannten Zauberschnur können auch drei umgedrehte Bänke auf vier kleinen Kästen verwendet werden. Die Seitenlinien können auch mit Hütchen markiert werden.

Themenbereich: Ball
3. Stundenbeispiel für 1. und 2. Klasse

1. Alle verfügbaren Bälle –

es können 100 Bälle und mehr sein - (große und kleine Gymnastikbälle, große und kleine Softbälle, Schlagwurfbälle, Basketbälle, Medizinbälle etc.) an einer durch Bänke abgegrenzten Stelle ablegen.

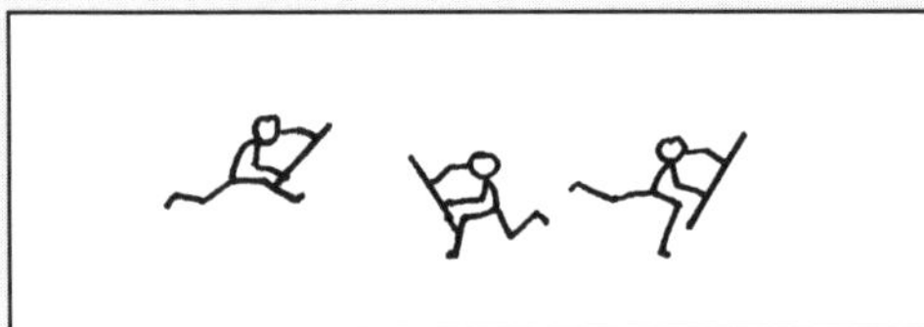

2. Jeder Schüler erhält einen Stab.

Spiel: Motorradfahren (vgl. Seite 27)

3. "Schweinetreiben" (vgl. Seite 20)

Schüler treiben (nicht schlagen: Verletzungsgefahr!!!) mit ihrem Stab verschiedene Bälle (Schweine) in der Halle. Der Lehrer legt inzwischen an jeder Hallenseite zwei Reifen (Ställe) aus.

4. "Schweine" in die Ställe treiben

Alle „Schweine müssen in die Ställe getrieben werden (auf dem Boden liegende Reifen).

5. Das Spiel weiter fortsetzen

(Variationsmöglichkeiten vgl. Seite 20)

Bei Bedarf kann als Stundenabschluß ein weiteres Spiel eingeführt werden, beispielsweise:

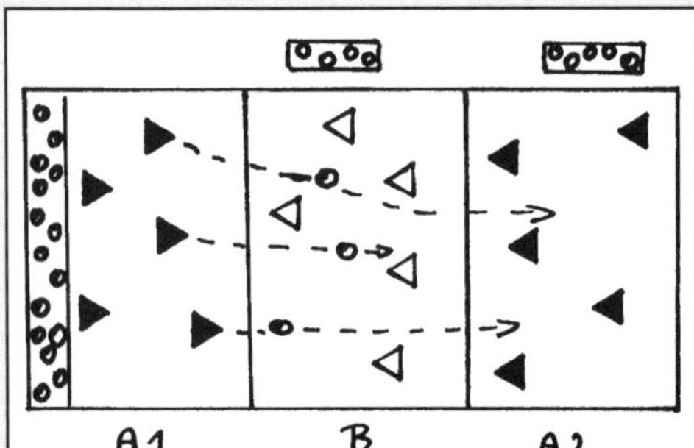

6. "Drei-Felder-Ball" in eine Richtung

Alle Bälle (mindestens 30, besser noch mehr) sind im Hinterfeld der Mannschaft A 1, z.B. hinter einer Bank abgelegt. Die Spieler der Mannschaft A 1 versuchen, alle Bälle der Mannschaft A 2 zuzuspielen. Die Spieler der Mannschaft B versuchen, das zu verhindern und die Bälle zu fangen.

Das Zuspiel kann festgelegt werden (z.B. den Ball mit der rechten/linken Hand rollen oder werfen, mit dem rechten/linken Fuß spielen usw.).

Von A 2 und B eroberte Bälle werden getrennt in Kästen gelegt. Regelmäßiger Mannschaftswechsel.

Variante: Das Mittelfeld verkleinern/verbreitern.

7. Bälle einsammeln

1. Stundenbeispiel für 3. und 4. Klasse

1. Zuspiel aus der Bewegung

Jeweils fünf (vier) Schüler erhalten einen Softball (Volleyball). Sie bewegen sich frei in einem Spielfeld (Halle, Sportplatz) und spielen sich einen Ball zu. Vor dem Abspiel sollten die Schüler miteinander Blickkontakt aufnehmen.

2. Zuspiel aus der Bewegung in einer festgelegten Reihenfolge

Die Schüler spielen sich den Ball innerhalb der Gruppe in einer festgelegten Reihenfolge zu. Es darf auch gedribbelt werden, jedoch sollte der Ball nur eine kurze Zeit im Besitz eines Schülers bleiben. Nach der Übung bleiben die Gruppen zusammen.

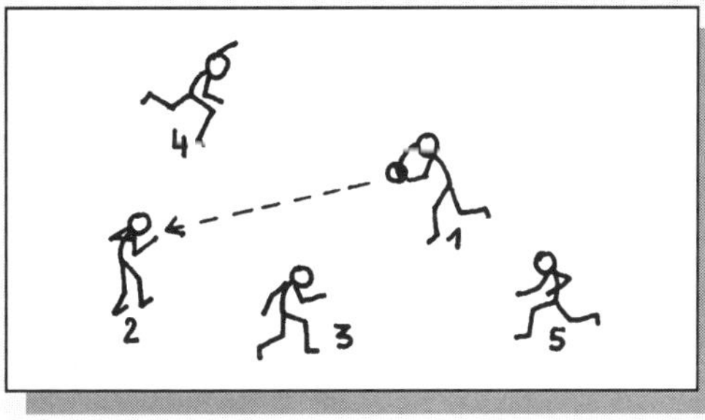

3. Tigerball

In Kreisform stehende Schüler spielen sich den Ball kreuz und quer zu. Im Kreis befindet sich der "Tiger", der versucht, den Ball zu berühren oder zu fangen.

Die bereits eingeteilten Gruppen bleiben bestehen. Nach ca. 2 Minuten werden die "Tiger" gewechselt. Welcher Gruppe gelingen die meisten Zuspiele?

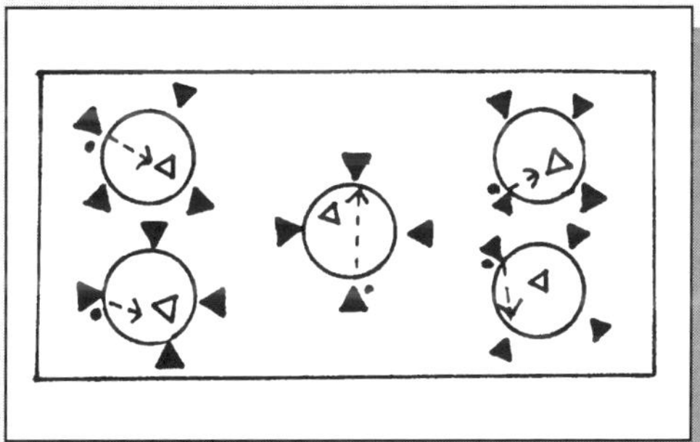

4. Zweierball

Die Spieler zweier Mannschaften versuchen, Spieler der anderen Mannschaft abzuwerfen, ohne ihr Feld zu verlassen.

Es wird mit zwei Softbällen gespielt. Getroffene Spieler nehmen außerhalb des Spielfeldes Platz auf einer Bank. Der in der Reihenfolge erste auf der Bank darf wieder mitspielen, wenn ein Spieler aus der eigenen Mannschaft den Ball direkt aus der Luft fängt.

Bodentreffer und nach einer Bodenberührung gefangene Bälle sind ungültig.

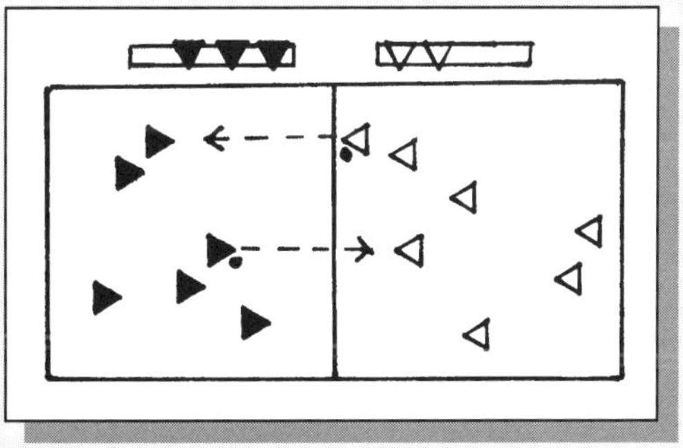

1. Freies Spielen mit dem Basketball.

Jeder Schüler hat einen Ball.

2. Aufgabe 1:

Prellen paarweise hintereinander. Beide Spieler sind im Ballbesitz. Der vordere Spieler versucht, durch Täuschungen, Richtungsänderungen, Tempowechsel es dem hinteren Spieler so schwer wie möglich zu machen, hinter ihm zu bleiben. Der vordere Spieler sollte seinem hinteren Partner immer wieder die Möglichkeit einräumen, zu ihm aufzuschließen. Der Lehrer bestimmt, wann die Aufgaben gewechselt werden. Mehrere Durchgänge.

Aufgabe 2: "Zahlensehen"

Ein Schüler läuft vor und zeigt mit den Fingern hinter seinem Rücken verschiedene Zahlen an. Der Partner folgt ballprellend und ruft diese Zahlen. Nach dem Anzeigen beispielsweise von fünf Zahlen tauschen die Partner ihre Rollen.

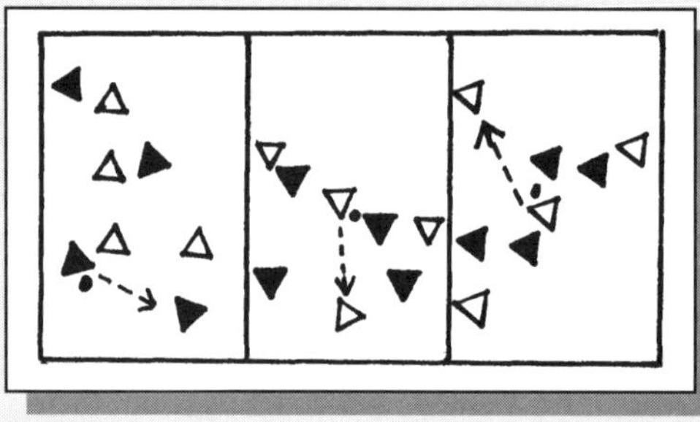

3. "Parteiball" auf drei Feldern 4:4 (3:3)

(vgl. Seite 18)

Die Paare werden zu Vierergruppen zusammengefaßt (auch eine andere Gruppengröße ist möglich). Jeweils zwei Mannschaften nehmen in drei Kleinfeldern Aufstellung. Das Spiel wird erklärt und auf einem Kleinfeld von zwei Mannschaften demonstriert. Anschließend wird auf allen Kleinfeldern gleichzeitig gespielt. Regelmäßige Unterbrechungen des Spiels, um neue Regeln einzuführen, auftretende Fehler zu korrigieren oder um die Mannschaften zu wechseln, könnten von Vorteil sein.

Themenbereich: Ball
3. Stundenbeispiel für 3. und 4. Klasse

1. Freies Spielen mit dem Ball.

Jeder Schüler hat einen großen Gymnastikball oder einen Basketball.

2. "Seitenwechsel"

Zwei Gruppen ballprellender Kinder wechseln die Seiten, ohne den Ball zu verlieren und ohne zusammenzustoßen.

3. "Seitenwechsel mit Zusatzaufgaben"

Wie oben, jedoch mit Zusatzaufgaben wie einmal drehen, sich hinlegen und wieder aufstehen, den Ball hochwerfen - fangen - weiterprellen usw. im Bereich der Mittellinie.

4. "Kastenmann" auf drei Kleinfeldern

Auf den Stirnseiten des Spielfeldes steht ein Spieler auf einem kleinen Kasten. Punkte erzielt die Mannschaft, die es schafft, nach selbstfestgelegten Regeln ihrem "Kastenmann" den Ball zuzuspielen. Es wird gleichzeitig auf drei Kleinfeldern gespielt.

Variante: Der Kastenmann hält einen Eimer .. Hütchen .. in den Händen. Punkte werden erzielt, wenn der Ball im Eimer .. Hütchen .. landet.

Das Spiel könnte wie folgt eingeführt werden:

a) Je zwei Mannschaften legen ihre Regeln fest und probieren das Spiel aus.

b) Die Mannschaften erhalten die Möglichkeit, die Regeln zu besprechen, eventuell zu ergänzen und das Spiel erneut auszuprobieren.

c) Die Mannschaften wechseln ihren Gegner und einigen sich, nach welchen Regeln gespielt wird.

1. Rettungs-Spiel

Ein Kind oder mehrere Kinder sind Fänger und versuchen, die Mitschüler abzuschlagen. Wer abgeschlagen ist, wird Fänger. Ein verfolgter Schüler kann sich retten, indem er auf sich aufmerksam macht und laut "Rettung" ruft. Ein weiterer Spieler, der ihm die Hände reicht, kann Rettung bringen, denn Spieler, die sich festhalten, sind vor einem Abschlag sicher. Es ist von Vorteil, die Fänger mit einem Parteiband zu kennzeichnen.

2. Verschiedene Spiele auf drei Kleinfeldern.

Feld 1: Ball unter die Schnur (vgl. Seite 17) (statt einer quergespannten Zauberschnur kann auch eine umgedrehte Bank auf zwei kleinen Kästen verwendet werden).

Feld 2: Parteiball über die Schnur (vgl. Seite 18)

Feld 3: Kastenmann (vgl. Seite 19)

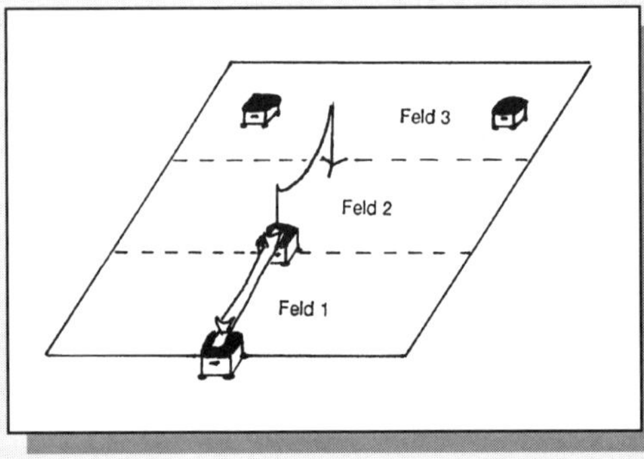

Die Schüler werden in sechs Mannschaften eingeteilt. Je zwei Mannschaften bereiten ihr Spielfeld laut Skizze vor. Die Kleinfelder können durch Hütchen deutlicher voneinander getrennt werden.

Nach ca. 7 Minuten wechseln die Mannschaften zu einem anderen Spiel das Feld.

Themenbereich: Laufen, Werfen, Springen
1. Stundenbeispiel für 1. und 2. Klasse

1. "Zauberer und Erlöser"

Die Schüler gehen paarweise zusammen. Einige Paare werden zu Zauberpaaren bestimmt. Durch Abschlagen können sie andere "verzaubern". Verzauberte Paare halten sich an den Händen fest und bilden einen Torbogen. Sie können befreit ("erlöst") werden, wenn ein anderes Paar unter dem Torbogen hindurchläuft. Nach Spielende bleiben die Paare zusammen.

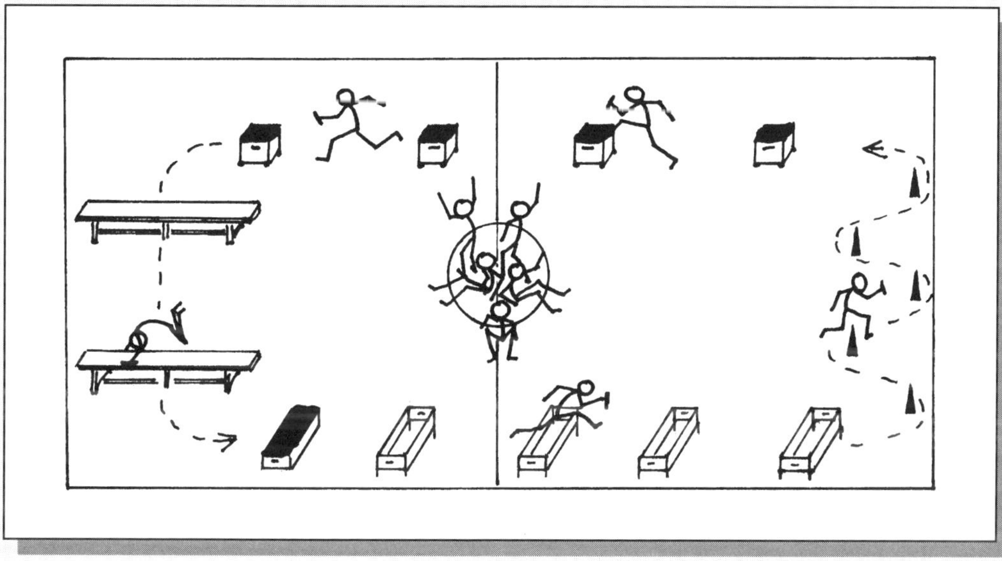

2. Hindernislauf (vgl. Seite 50)

Der Lehrer skizziert auf einer auf dem Boden liegenden Matte folgenden Geräteaufbau. 2 bis 3 Paare übernehmen jeweils den Aufbau der Geräte auf einer Hallenseite.

3. Alle Schüler probieren den Rundlauf über die Hindernisse.

4. Jedes Paar erhält einen Staffelstab.

Es wird abwechselnd je eine Runde gelaufen. Der Partner wartet im Mittelkreis und startet erst nach der Stabübergabe seines Mitläufers.

Aufgabe: Jedes Paar versucht, in 10 Minuten soviele Runden wie möglich zu laufen.

5. Geräteabbau:

Die Schüler bauen die Geräte ab, die sie aufgebaut haben.

1. Jeder Schüler erhält einen Reifen und spielt damit wie er will.

2. "Autofahren"

Ein Auto hat einen Rückwärtsgang und fünf Vorwärtsgänge. Im ersten Gang fährt es langsam, im fünften Gang sehr schnell. Alle Kinder sind Autos und fahren (laufen) in dem Gang, den der Lehrer angibt, in der Halle durcheinander, bleiben vor einer roten Ampel stehen, parken ein usw. Die Schüler sollten Autogeräusche nachmachen. Der Reifen wird als Lenkrad benutzt.

(Schließt der Lehrer das Spiel beispielsweise mit der Aufgabe: "Kolonne fahren zu fünf Schülern hintereinander"; so bilden sich bereits Gruppen, die für die Fortführung der Stunde benötigt werden).

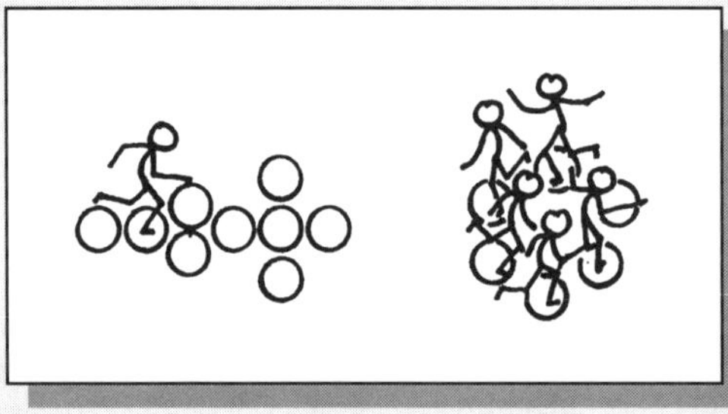

3. Erstellen und Ausprobieren von verschiedenen Hinkekästchen

Die Klasse wird in Gruppen zu 4 bis 6 Schülern eingeteilt. Jede Gruppe versucht, aus ihren Reifen Hinkekästchen zu bauen. Die Schüler können ihre Hinkekästchen jeweils nacheinander oder auch alle gleichzeitig ausprobieren. Jede Gruppe kann weitere Reifen dazubekommen.

4. Jede Gruppe stellt ihre Station vor.

5. Die Gruppen bleiben zusammen und wechseln ca. alle 1,5 Minuten zu einer anderen Station.

6. Evtl. beliebiges Abschlußspiel.

Themenbereich: Laufen, Werfen, Springen
3. Stundenbeispiel für 1. und 2. Klasse

1. Schüler werden in vier Gruppen eingeteilt. Jede Gruppe baut ihre Laufstation, bestehend aus einem Kastendeckel, einem Reifen und einer Matte.

Aufgabe: Starte vom Kastendeckel, versuche, mit einem großen Schritt den Reifen zu überspringen, überlaufe die Matte. Der nächste startet, wenn der vordere den Reifen übersprungen hat. Nach beispielsweise drei Durchgängen eine Pause einlegen und neue Anweisungen abwarten. Kein Wettkampf!

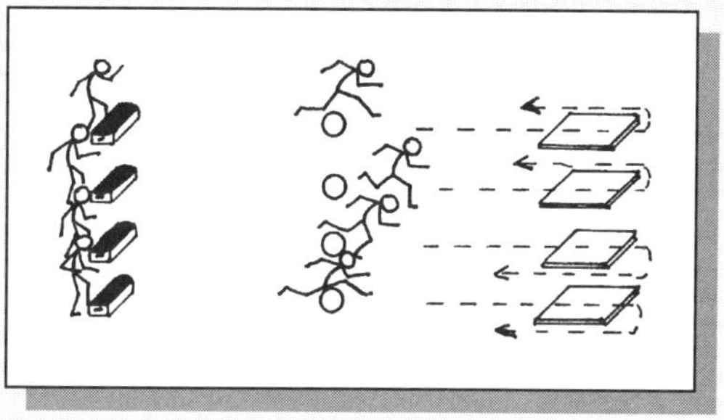

2. Nach jeder Pause ergänzt der Lehrer die Laufbahn um einen weiteren Reifen, bis letztlich jeder Schüler vier Reifen überspringen muß. Während jeder Laufunterbrechung sollten die Schüler auf bestimme Merkmale - die zu einem Schrittweitsprung führen - aufmerksam gemacht werden (z.B.: Achtet bei dem nächsten Durchgang auf einen kräftigen Absprung oder versucht, bei den folgenden Läufen nach dem Absprung das Knie des vorderen Beines hochzuziehen oder versucht, in der Schrittstellung so lang wie möglich in der Luft zu bleiben usw.). Oft können die Merkmale durch eine Demonstration besser herausgearbeitet werden.

3. Um die Schüler zu noch größeren Schrittsprüngen zu verleiten, werden je zwei Reifen versetzt übereinandergelegt.

Aufgabe: Versuche, in den nächsten Durchgängen die versetzt übereinander liegenden Reifen mit so großen Schritten wie möglich zu überspringen.

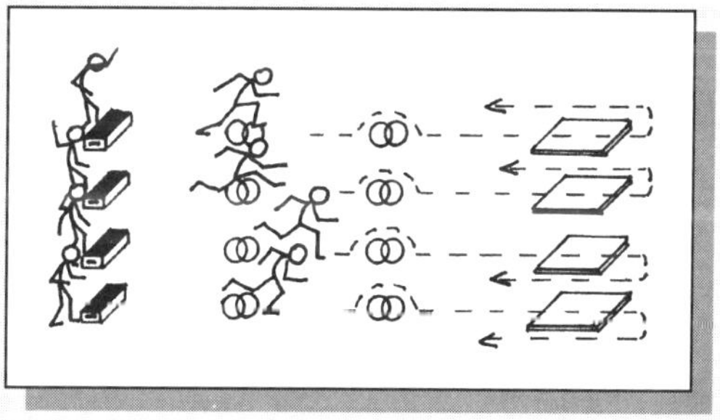

4. Je zwei Gruppen bauen ihre Laufbahn zu einer Weitsprunganlage um.

Aufgabe: Versucht wie vorher, die Reifen zu überspringen. Der einzige Unterschied liegt jetzt nur im Absprung vom Kastendeckel. Wer will, kann auch mit beiden Füßen auf der Weichbodenmatte landen. Jeder sucht sich seinen Reifengraben aus, den er überspringen will.

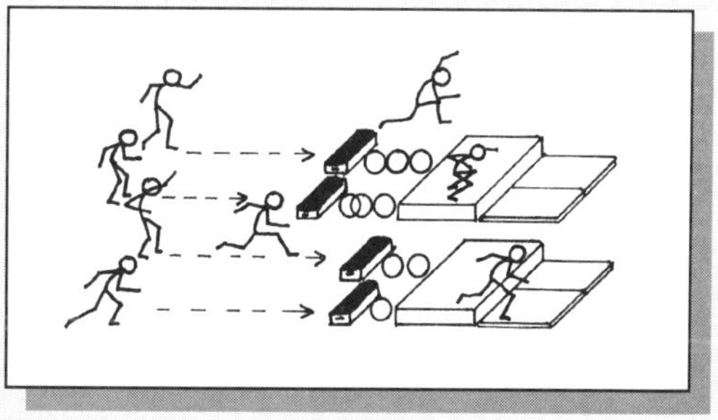

5. Geräteabbau

4. Stundenbeispiel für 1. und 2. Klasse

1. Den Schülern stehen Gymnastikbälle, Reifen und Seilchen zur freien Verfügung. In der Reihenfolge, wie sie nach dem Umziehen in die Sporthalle kommen, dürfen sie mit den vorhandenen Geräten alleine oder mit anderen spielen wie sie wollen. Inzwischen befestigt der Lehrer eine höher gespannte Zauberschnur zwischen zwei Hochsprungständern.

2. Die Schüler werden in vier Gruppen eingeteilt. Der Lehrer erklärt den Schülern den Aufbau ihrer Wurfstation und welche Aufgaben sie zu lösen haben. Die Schüler versuchen, den organisatorischen Ablauf auf ihrer Station selber zu gestalten.

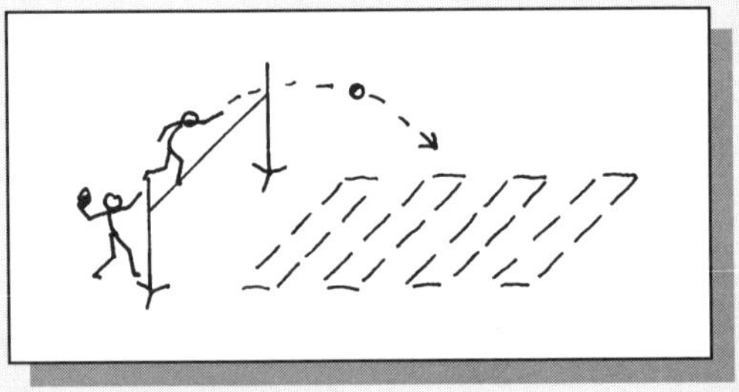

Station 1:

Aufgabe: Versucht, mit Schlagbällen über eine höher gespannte Zauberschnur in mit Seilchen markierte Zonen zu werfen.

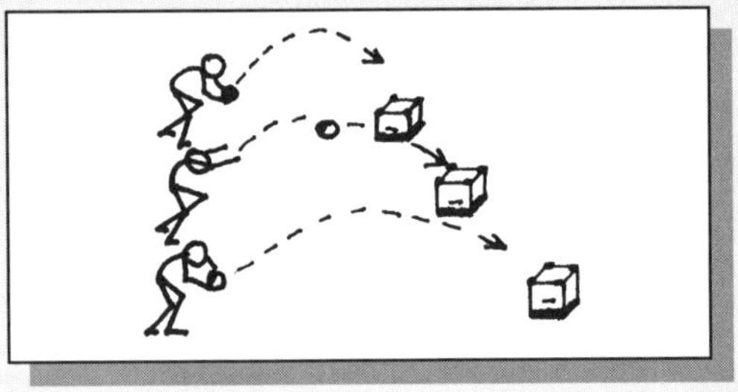

Station 2:

Aufgabe: Versucht, einen Basketball in unterschiedlich weit entfernte umgedrehte kleine Kästen zu werfen.

Station 3:

Aufgabe: Versucht, aus unterschiedlich weit entfernten Reifen einen Gymnastikball so zu werfen, daß ein auf einem kleinen Kasten stehender Schüler ihn mit einem umgedrehten Markierungshütchen auffangen kann.

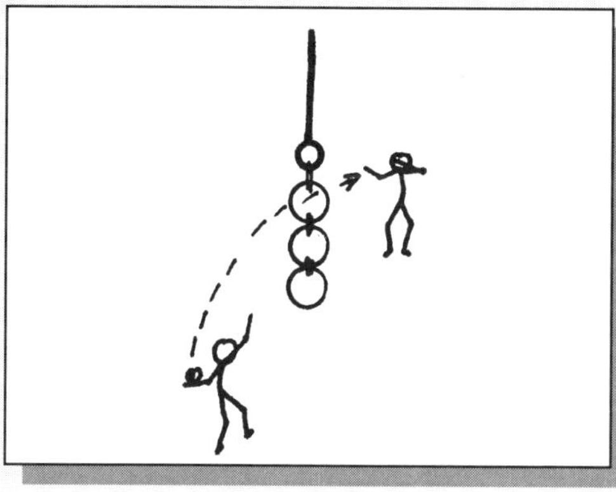

Station 4:

Aufgabe: Versucht, mit Reissäckchen auf unterschiedlich hoch an einem Ring befestigte Reifen zu werfen (Die Reifen können problemlos mit Parteibändern oder Seilchen verbunden werden.).

Beispiel für einen Hallenplan

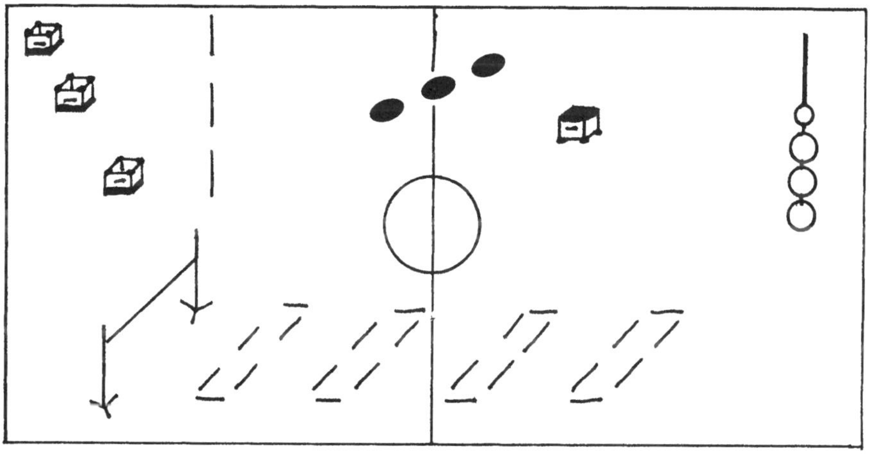

3. Jede Gruppe stellt ihre Station vor. Nach ca. 4 Minuten wechseln die Gruppen zu einer anderen Wurfstation, anschließend Geräteabbau.

4. Elefantenfangen

Ein Elefant ist der Fänger (eine Hand hält die Nase, der freie Arm wird durch den anderen hindurch gesteckt). Wer abgeschlagen ist, wird selbst zum Elefanten.

1. Hindernishaschen

Auf dem Spielfeld sind Keulen unregelmäßig verteilt. Einige Schüler werden als Fänger bestimmt. Neben dem einfachen Abschlag gilt auch der Läufer als abgeschlagen, der eine Keule umwirft. Die Anzahl der Fänger kann nach und nach erhöht werden.

Nach Spielende bleiben fünf Keulen an der Stelle stehen, an der die Schüler im weiteren Verlauf der Stunde ihre Station aufbauen sollen.

2. Die Schüler werden in fünf Gruppen eingeteilt. Jede Gruppe erhält eine Skizze der Station, die sie aufbauen soll. Auf der Skizze ist ebenfalls vermerkt, welche Aufgabe die Schüler auf ihrer Station lösen sollen (vgl. Kopiervorlagen 1 bis 5).

Station 1:

Kleine und große Kästen beliebig überwinden

Station 2:

Niedersprünge aus selbstgewählter Höhe

Station 3:

Eine Bank mit Hockwenden überwinden, über die andere Bank darüberlaufen

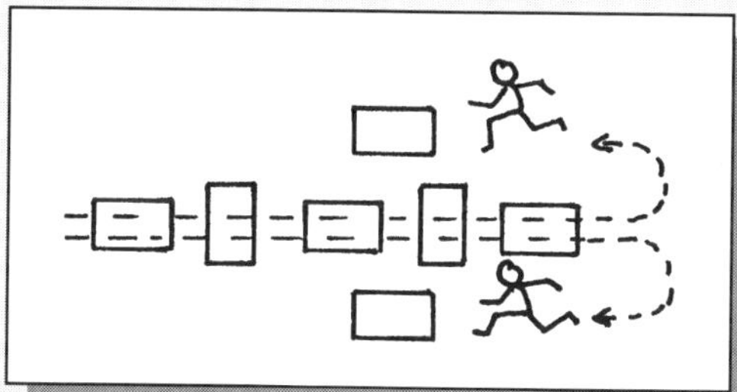

Station 4:

Laufen über eine Mattenbahn

Station 5:

Laufen über eine Kastentreppe

Beispiel für einen Hallenplan

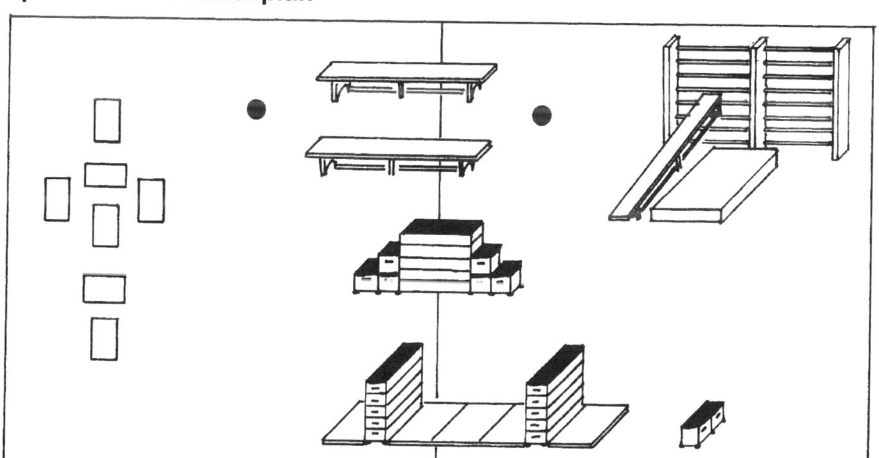

3. Jede Gruppe stellt ihre Station vor.

4. Die Gruppen werden kurzfristig aufgelöst. Jeder Schüler hat 5 Minuten Zeit, alle Stationen auszuprobieren. Anschließend treffen sich die Schüler an der Station, die sie aufgebaut haben.

5. Circuit-Training: Jede Gruppe versucht, soviele Durchgänge wie möglich in 2 Minuten an ihrer Station auszuführen. Nach einer Pause von ca. 30 Sekunden wechselt die gesamte Gruppe zur nächsten Station.

6. Nach dem letzten Durchgang ca. 1 bis 2 Minuten in der Halle durcheinander gehen. Der Lehrer gibt durch Klatschen (Handtrommel) den Gehryhthmus (aktive Erholung) vor.

7. Alle Geräte bleiben für die nächste Klasse in der Halle stehen.

Themenbereich: Laufen, Werfen, Springen
2. Stundenbeispiel für 3. und 4. Klasse

1. Jeweils zwei Schüler erhalten einen Gymnastikball und spielen damit wie sie wollen.

2. Jedes Paar bestimmt selber den Abstand zueinander und den Platz, wo geübt wird.

Aufgabe 1: Werfe den Ball mit einer Hand über den Boden dem Partner so zu, daß er ihn wieder fangen kann. Bei jedem gelungenen Versuch kann der Abstand ein wenig vergrößert werden.

Aufgabe 2: Werfe den Ball mit einer Hand möglichst gerade dem Partner zu, so daß er ihn fangen kann. Auch hier kann der Abstand zueinander variiert werden (Lehrer gibt individuelle Hilfen zum Schlagwurf und zum Fangen des Balles).

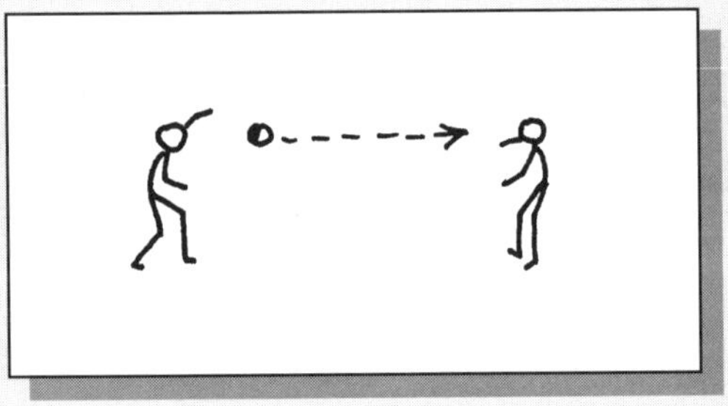

Aufgabe 3: Wie viele Pässe schafft jedes Paar in einer Minute?

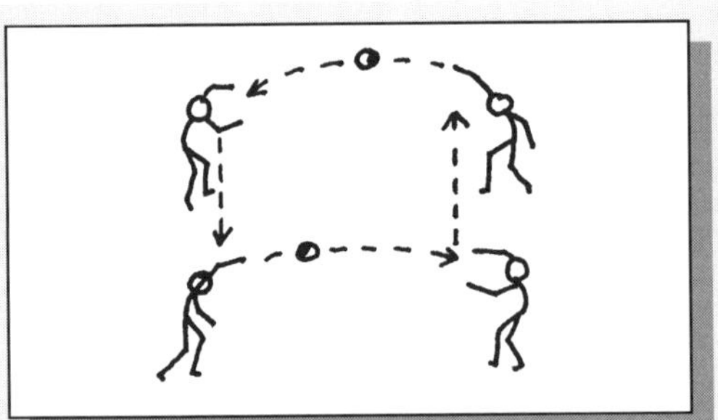

3. Zuspiel im Viereck

Die Paare werden zu Vierergruppen zusammengefaßt (mit zwei Bällen).

Aufgaben:
- Spielt Euch die Bälle in vorgegebener Richtung so zu, daß kein Ball auf den Boden fällt.
- Ändert die Spielrichtung.
- Spielt Euch die Bälle ohne feste Absprache zu. Versucht, das Zuspiel so zu gestalten, daß kein Schüler zwei Bälle gleichzeitig fangen muß.

4. Zuspiel im Dreieck

Die Schüler nehmen Aufstellung laut Skizze. Der Spieler A hält zwei Bälle. A spielt den Ball fortlaufend zu B, B spielt abwechselnd zu C und D, C und D spielen zu A.

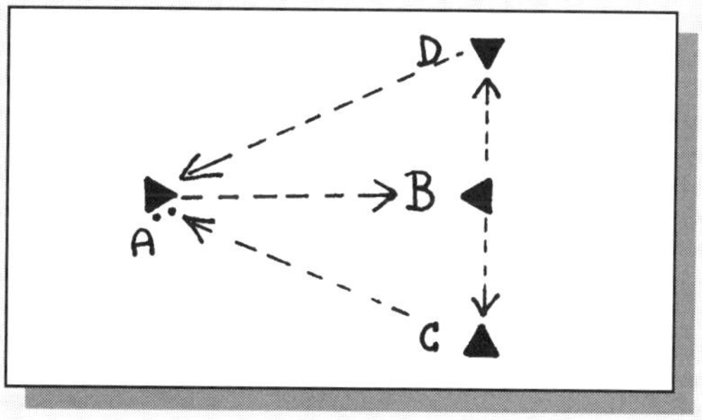

5. "Zombie"

Gespielt wird mit einem Softball. Alle Spieler befinden sich im Spielfeld. Der Ball wird in die Höhe geworfen. Wer ihn ergreift, versucht sofort einen Mitspieler abzuwerfen. Mit dem Ball darf höchstens zwei Schritte gelaufen werden. Es zählen nur direkte Treffer (keine "Erdbälle"). Wer direkt getroffen ist, begibt sich auf die Bank und merkt sich, welcher Spieler ihn abgeworfen hat. Wenn dieser Spieler selbst abgetroffen ist, dürfen alle, die er zuvor abgeworfen hat, wieder zurück ins Spielfeld.

Noch eine wichtige Regel: Wer einen direkt geworfenen Ball fängt, hat damit den Werfer "abgetroffen", d.h. der Werfer muß auf die Bank bis der Fänger abgeworfen ist.

3. Stundenbeispiel für 3. und 4. Klasse

1. Sich bewegen zur Handtrommel

Langsam, schnell, vorwärts, rückwärts, laut, leise, im Seitgalopp, im Hopserlauf, im Galopp mit Drehungen, alleine, zu zweit, in mehreren Schlangen auch mit Handfassung.

2. Schüler versammeln sich um eine Turnmatte

Der Lehrer erklärt mit Hilfe von Symbolen, die er auf die Matte legt, welche Station wo aufzubauen ist. Anschließend übernehmen vier Schülergruppen folgenden Stationsaufbau (der Geräteaufbau kann selbstverständlich auch anders organisiert werden, vgl. "Anregungen zum Geräteauf- und -abbau"):

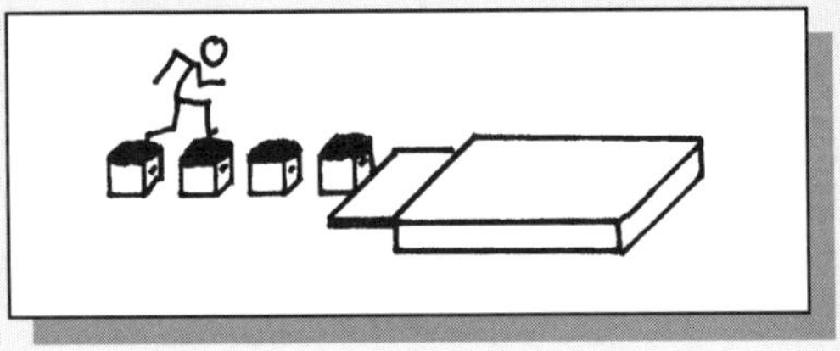

Station 1 (vgl. Seite 55)

(Die Niedersprungmatte kann gegebenenfalls durch mehrere aufeinander gelegte Turnmatten ersetzt werden.)

Station 2 (vgl. Seite 55)

(Auch hier kann die Niedersprungmatte durch eine 2- oder 3-fach übereinander gelegte Turnmattenbahn ersetzt werden. Um die Attraktivität der Station zu erhöhen, kann über dem Mattengraben eine Zauberschnur gespannt werden.)

Station 3 (vgl. Seite 55)

Station 4 (vgl. Seite 66)

3. Aufgabe: Weitsprünge auf allen Stationen. Nach jedem Weitsprung zu einer anderen Station wechseln.

4. Die Schüler treffen sich wieder an der Station, die sie aufgebaut haben. Jede Gruppe erhält mehrere Stäbe oder Hütchen oder Parteibänder und legt sie parallel in gleichen Abständen neben ihre Niedersprungmatte. Die so auf jeder Station entstandenen Weitsprungmeßanlagen können die Schüler nutzen, um ihre erzielte Leistung zu überprüfen. Nach ca. 3 Minuten wechselt die komplette Gruppe zur nächsten Weitsprunganlage.

5. Geräteabbau

4. Stundenbeispiel für 3. und 4. Klasse

1. A-B-C-Fangen

Die Klasse ist in Dreiergruppen aufgeteilt. Jede Dreiergruppe benennt ihre Mitglieder mit A-B-C.

Aufgabe: Innerhalb jeder Dreiergruppe - A fängt B - C hat "Pause"; B fängt C - A hat "Pause"; C fängt A - B hat "Pause"; A fängt B ... usw. Der Schüler, der gerade "Pause" hat, bleibt auf dem Boden sitzen.

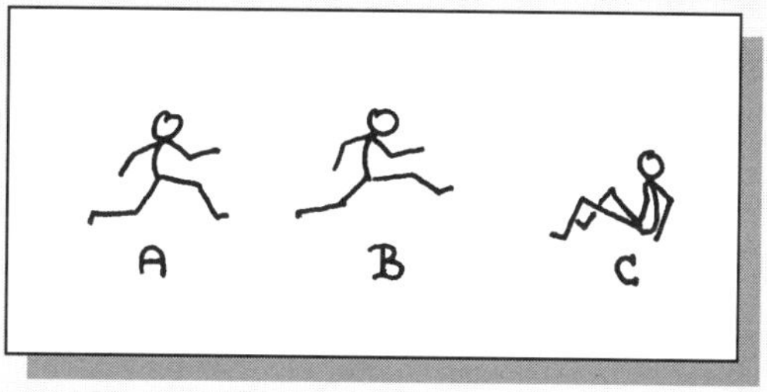

2. Die Schüler werden in eine Läufer-, eine Werfer- und eine Weitsprunggruppe eingeteilt. Jede Gruppe baut ihre Station auf (vgl. Hallenplan). Innerhalb jeder Gruppe soll sowohl der Übungsablauf als auch das Messen der erzielten Leistungen selbständig organisiert werden (z.B. Wechsel des Starters und der Zeitnehmer in der Läufergruppe oder das Festlegen der Schüler, die die Weite beim Werfen oder Springen ansagen usw.). Die Aufgaben, die einzelne Schüler jeder Gruppe wahrnehmen können, sind aus der Skizze erkennbar. Nach ca. 8 Minuten erfolgt ein Stationswechsel.

Die Organisation der Stunde ist in einer Einzelsporthalle problemlos möglich, da sowohl die Läufer-, Springer- als auch Werfergruppe mit etwa 5 Meter breiten Hallenstreifen auskommen.

3. Geräteabbau

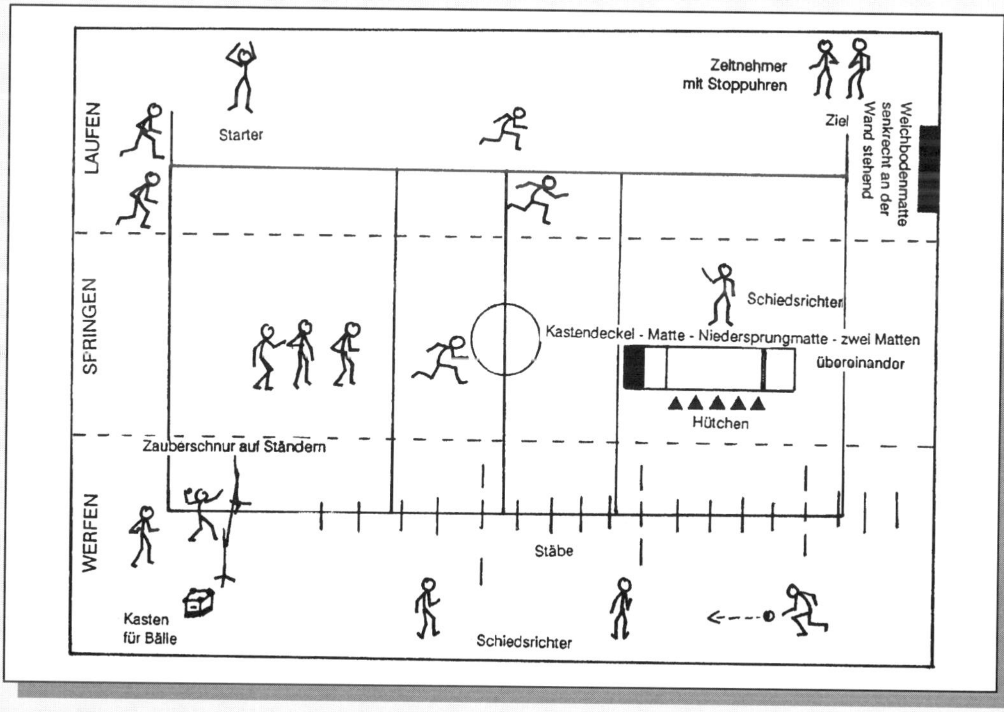

Hallenplan: Laufen/Werfen/Springen

1. Stundenbeispiel für 1. und 2. Klasse

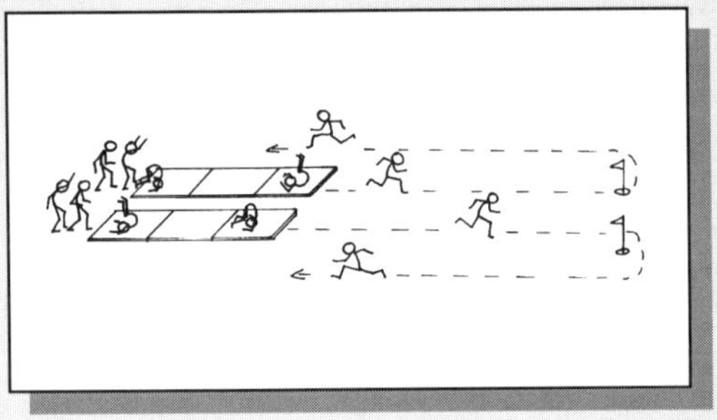

1. Schüler legen zwei Mattenbahnen aus

Aufgabe: Rolle vorwärts auf der ersten und letzten Matte. Nach der Wendemarkierung schnell zurücklaufen. Der nächste Schüler startet, wenn der vordere die zweite Rolle ausgeführt hat. Mehrere Durchgänge.

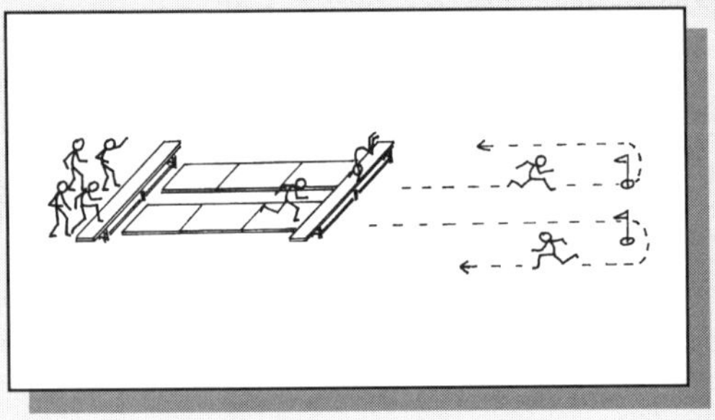

2. Die Mattenbahnen werden um zwei Bänke ergänzt.

Aufgabe: Von der ersten Bank abspringen, Rolle vorwärts auf der letzten Matte, Hockwende über die zweite Bank, nach der Wendemarkierung schnell zurücklaufen. Der nächste Schüler startet, wenn der vordere die Rolle ausgeführt hat. Mehrere Durchgänge.

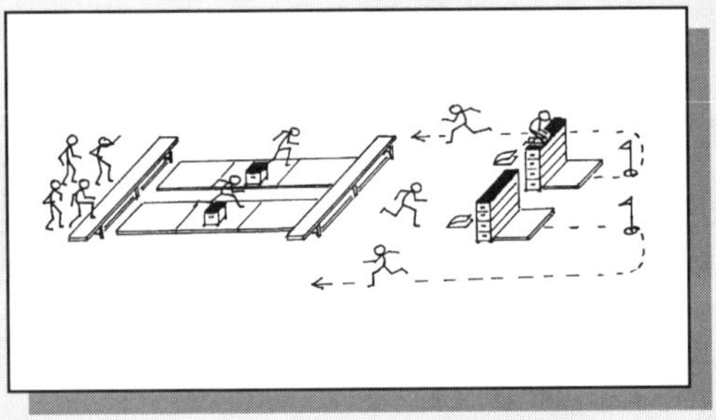

3. Die Mattenbahnen werden um zwei kleine und zwei große Kästen ergänzt.

Aufgabe 1: Beliebiges, schnelles Überwinden der Gerätebahnen. Mehrere Durchgänge.

Aufgabe 2: Unter der ersten Bank durchkriechen, kleinen Kasten überspringen, danach aus dem Stand Rolle vorwärts, Hockwende/Radwende über die zweite Bank, beidbeiniger Absprung und Aufknien auf den großen Kasten, beliebiger Niedersprung. Mehrere Durchgänge (Weitere Überwindungsmöglichkeiten vgl. Beispiele 1 und 2, Seite 78).

4. Geräteabbau bis auf die zwei großen Kästen.

5. Lehrer erklärt den Transport von großen Kästen und läßt ihn von einer Schülergruppe durchführen (vgl. Anregungen zum Geräteauf- und -abbau, Punkt 6, Seite 84).

2. Stundenbeispiel für 1. und 2. Klasse

1. Bänke als Hindernisse überlaufen

Die Schüler stellen vier Bänke quer und nehmen hintereinander Aufstellung in zwei Gruppen. Die Bänke möglichst weit auseinander stellen.

Aufgabe 1: Lauft über die Bänke und setzt dabei einen Fuß auf. Mehrmalige Wiederholung.

Aufgabe 2: Überlauft die Bänke, ohne den Fuß aufzusetzen. Mehrmalige Wiederholung.

Aufgabe 3: Überlauft die erste und die dritte Bank, macht eine Hockwende auf der zweiten und vierten Bank.

Gegebenenfalls weitere Aufgaben stellen.

2. Balancieren auf Bänken

Die Schüler werden in vier Gruppen eingeteilt: Jede Gruppe baut ihre Bank zur folgenden Balancierstation um:

1. Bank mit Hindernissen

2. Umgedrehte Bank auf kleinem Kasten

3. Umgedrehte Bank auf zwei kleinen Kästen

4. Umgedrehte Bank auf einer Weichbodenmatte

3. Die Gruppen probieren ihre Balancierbank aus. Der Lehrer sichert den organisatorischen Ablauf, stellt gegebenenfalls verschiedene Balancieraufgaben, (z.B. rückwärts gehen, mit geschlossenen Augen balancieren, halbe Drehung etc.) regt Partnerhilfe an. Nach ca. 4 Minuten wechseln die Gruppen zu einer anderen Balancierstation.

4. Geräteabbau

1. "Lauf Hase - sitz Hase"

Jeder kann jeden abschlagen und mit dem Zuruf "Sitz Hase" den Mitspieler zum Sitzen bringen bzw. mit dem Zuruf "Lauf Hase" einen Mitspieler wieder befreien.

Während die Schüler spielen, bereitet der Lehrer den Geräteaufbau vor, indem er die Sprossenwand herauszieht und fixiert und einen großen Kasten etwa in die Mitte der Halle stellt (vgl. Anregungen zum Geräteauf- und -abbau, Punkt 8, Seite 84).

2. Die Schüler werden in vier Gruppen eingeteilt. Der Lehrer erklärt den Stationsaufbau. Es ist vorteilhaft, bei der Station 3 erst nachdem Matten und kleine Kästen aufgestellt worden sind, die Taue in Position zu bringen (vgl. Punkt 10, Seite 84).

Besondere Lehrerhilfe erfordert der Aufbau der Station 4.

Station 1:

Geräte:
Gitterleiter, Niedersprungmatte, Turnmatten

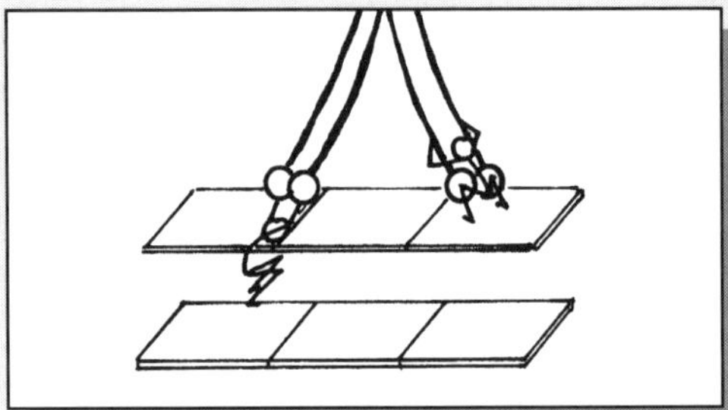

Station 2:

Geräte: Ringe, Turnmatten

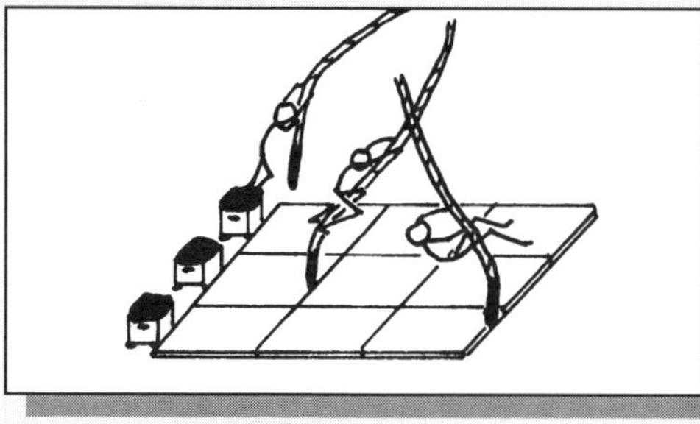

Station 3:

Geräte: Taue, Turnmatten, kleine Kästen

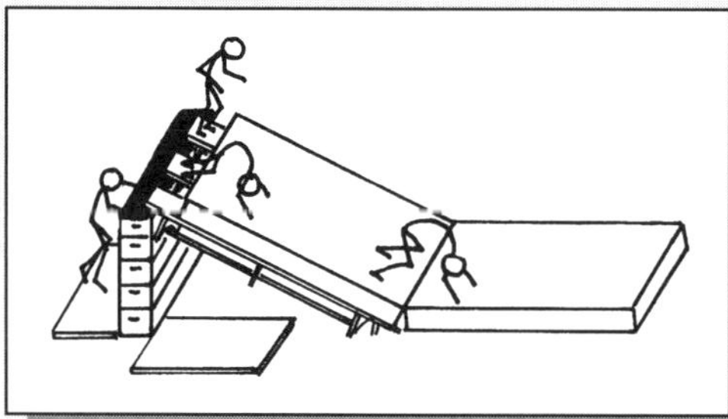

Station 4:

Geräte: Großer Kasten, drei Bänke, eine oder zwei Niedersprungmatte (n), Turnmatten

Beispiel für einen Hallenplan

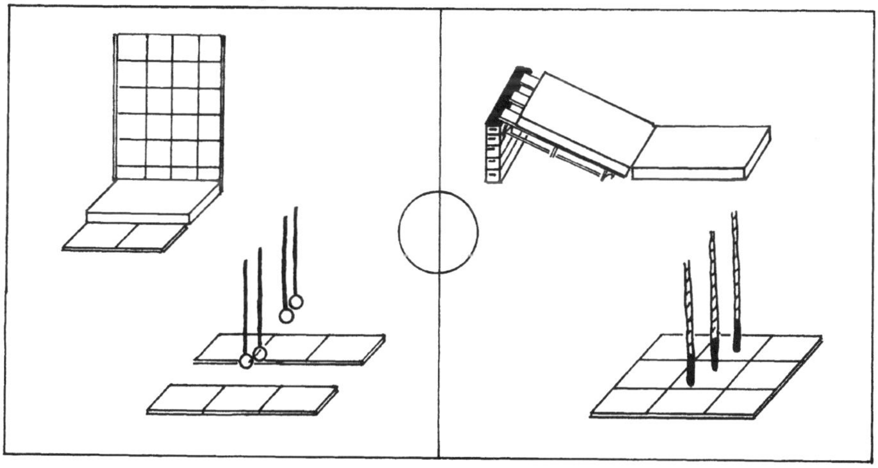

3. Die Schüler probieren alle Stationen aus. Der Lehrer gibt Anregungen, Hilfen und sichert den organisatorischen Ablauf.

4. Geräte bleiben für die nächste Klasse stehen, sonst Geräteabbau. Jede Gruppe baut ihre Station ab. (Es ist sinnvoll, auf den Stationen 2 und 3 erst die Ringe bzw. Taue einzuziehen und dann erst die Schüler die Matten und die kleinen Kästen einräumen zu lassen.)

Themenbereich: Sich bewegen an Groß- und Kleingeräten
1. Stundenbeispiel für 3. und 4. Klasse

1. Schüler nehmen zu zweit eine Matte und legen sie an beliebiger Stelle - nicht zu nah an der Wand - in der Halle ab. Jedes Paar setzt sich auf seine Matte und wartet weitere Anweisungen ab.

2. Aufgabe: Durcheinanderlaufen zwischen den Matten, dabei fünf verschiedene Matten mit der Hand berühren, auf der sechsten beliebig abrollen (vorwärts, rückwärts oder seitwärts, aus dem Stand oder aus der Bewegung etc.). Unterbricht der Lehrer die Übung, gehen alle Schüler zu ihrer Matte zurück.

3. Demonstration der verschiedenen Abrollmöglichkeiten, die die Schüler vorher gezeigt haben.

4. Wiederholen der Aufgabe (Punkt 2), wobei die Schüler die gezeigten Abrollmöglichkeiten anwenden können.

5. Erlernen der Diagonalrolle (vgl. Seite 21)
Schüler versammeln sich um eine Matte. Lehrer erklärt und demonstriert selbst oder läßt einen Schüler die Übung vormachen.

6. Jedes Paar übt im Wechsel auf seinen Matten zuerst aus dem Stand, dann aus dem Gehen, evtl. auch aus einem kurzen Anlauf oder auch über den auf dem Bauch liegenden Partner.

7. "Zauberer und Erlöser" mit beliebigem Abrollen über den Partner (vgl. Seite 21). Schüler, die bereits die Diagonalrolle erlernt haben, dürfen sie selbstverständlich auch anwenden.

Es ist empfehlenswert, das Spiel mit wenigen "Zauberern" zu beginnen.

8. Matten einsammeln.

2. Stundenbeispiel für 3. und 4. Klasse

1. Befreien durch Würfeln

Zwei bis fünf Fänger versuchen, alle anderen Mitspieler zu fangen. Wer vom Fänger abgeschlagen wurde, muß zur "Spielbank", um dort einmal mit einem großen Schaumstoffwürfel zu würfeln. Erzielt man die Befreiungszahl (z.B. 6), ist man wieder frei. Gelingt es nicht, muß der Spieler auf den nächsten Gefangenen warten, der auch einen Würfelversuch hat.

Regel: Wer die Befreiungszahl würfelt, befreit sich selbst und alle anderen, die zuvor erfolglos gewürfelt haben. Die Fänger sollten nach spätestens 2 Minuten gewechselt werden, wenn es ihnen bis dahin nicht gelungen ist, alle Schüler abzuschlagen.

Variante: Zur Erhöhung der Laufintensität zwei Befreiungszahlen, z.B. 1 und 6 festlegen.

2. Die Schüler werden in fünf Gruppen eingeteilt. Jede Gruppe erhält eine Skizze der Station, die sie aufbauen soll (vgl. Kopiervorlagen 6-10)

Station 1:

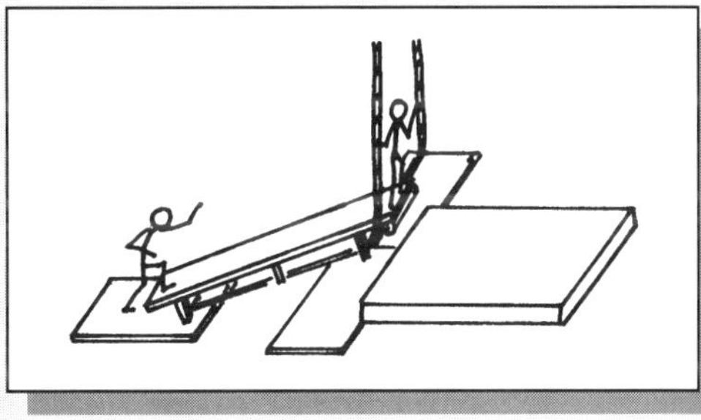

Bank im Trapez befestigen
(Alternative: Einige Bänke lassen sich in Ringe einhängen)

Station 2:

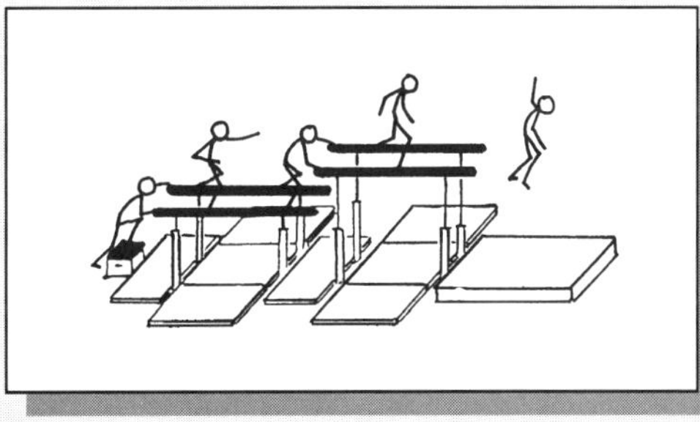

"Kletterturm" aus zwei Barren

Station 3:

Kastendeckel unter eine umgedrehte Bank legen

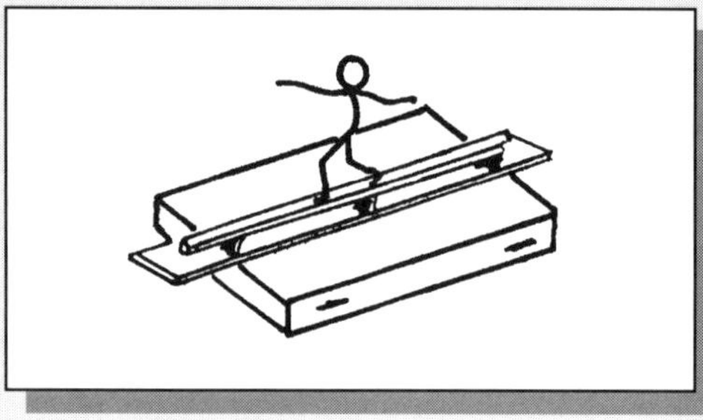

Station 4:

Umgedrehte Bank auf eine Weichbodenmatte legen

Station 5:

Umgedrehte Bank auf Stäbe legen

3. Schüler erproben alle Stationen im freien Wechsel. Lehrer sichert den organisatorischen Ablauf, variiert eventuell die Stationen (beispielsweise Station 1 durch Erhöhung des Trapezes oder Station 2 durch Verstellen der Holmen), regt Balancierkunststücke in Kleingruppen an, läßt einige Kunststücke demonstrieren, gibt Hilfestellungen usw.

4. Geräteabbau

Themenbereich: Sich bewegen an Groß- und Kleingeräten
3. Stundenbeispiel für 3. und 4. Klasse

1. Der Lehrer organisiert folgenden Geräteaufbau an vier Stationen (vgl. Anregungen zum Geräteauf- und -abbau, Punkt 7, Seite 84).

Station 1:

Drei unterschiedlich hohe große Kästen (drei-, vier- und fünfteilig) abgesichert mit einer bis zwei Matten und einem Sprungbrett davor.

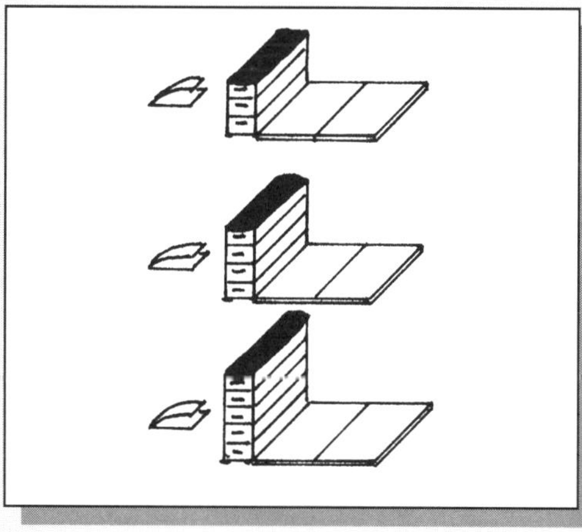

Station 2:

In die Sprossenwand eingehängte Bank

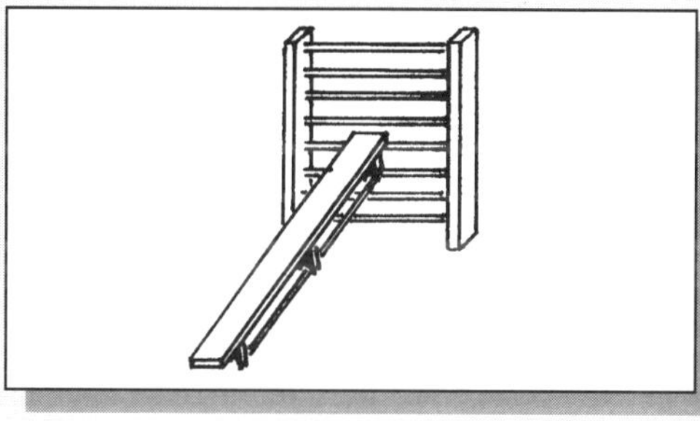

Station 3:

Einen kleinen Kasten mit einer Matte davor, eine umgedrehte Bank auf zwei kleinen Kästen, eine umgedrehte Bank auf einem kleinen Kasten.

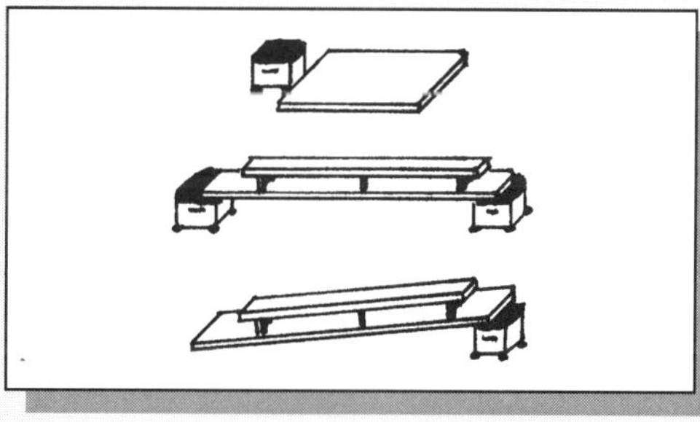

Station 4:

Einen Barren mit einem waagerechten und einem schrägen Holmen und einer Niedersprungmatte vor dem schrägen Holm.

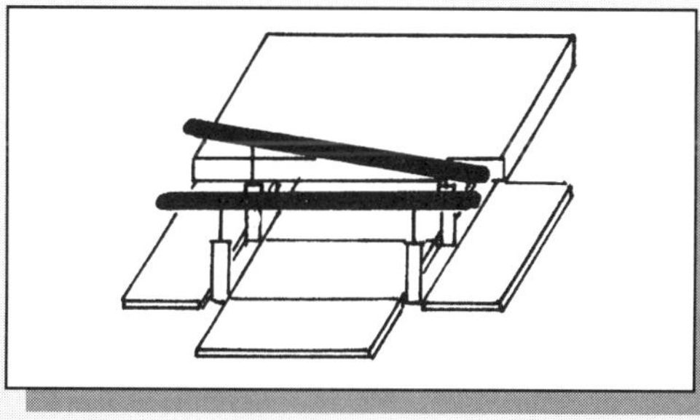

STUNDENBEISPIELE

3. Stundenbeispiel für 3. und 4. Klasse

Beispiel für einen Hallenplan

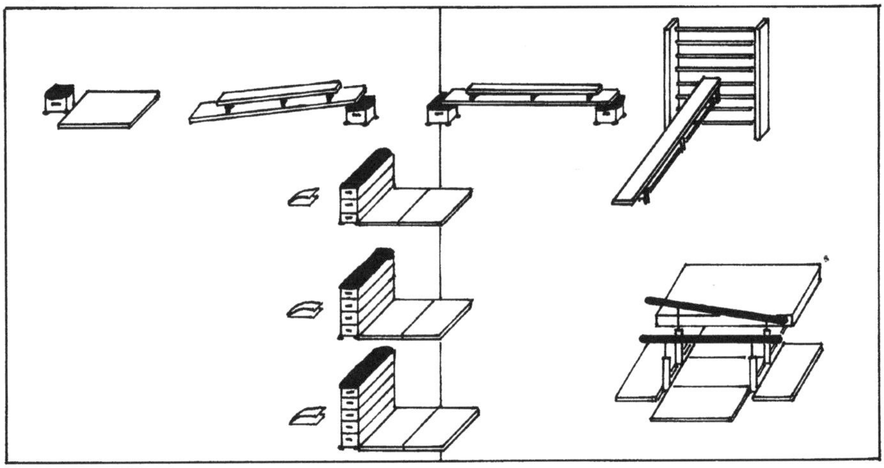

Nach dem Aufbau nehmen alle Schüler im Mittelkreis Platz. Um sich aufzuwärmen, lösen die Schüler folgende Aufgaben.

Aufgabe 1:
Berühre jedes aufgebaute Gerät mit der Hand, komme danach zurück in den Mittelkreis.

Aufgabe 2:
Umlaufe jedes aufgebaute Gerät, komme danach zurück in den Mittelkreis.

Aufgabe 3:
Überwinde beliebig jedes aufgebaute Gerät, komme danach zurück in den Mittelkreis.

Aufgabe 4:
Wiederhole Aufgabe 3.

3. Freies Bewegen an allen Geräten.

4. Aufgabe: Versucht, an so vielen Stationen wie möglich eine Hockwende zu machen. Der Lehrer beobachtet, gibt individuelle Hilfen, übernimmt am Barren evtl. selber die Hilfestellung.

5. Geräte bleiben für die nächste Klasse stehen, sonst Geräteabbau.

1. Stundenbeispiel für 3. und 4. Klasse (Doppelstunde)

1. Schattenlaufen

Die Schüler laufen paarweise durch die Halle. Der vordere versucht, durch Täuschungen, Richtungsänderungen, Tempowechsel es seinem "Schatten" so schwer wie möglich zu machen, hinter ihm herzulaufen. Der vordere Läufer sollte seinem "Schatten" immer wieder die Möglichkeit einräumen, zu ihm aufzuschließen. Der Lehrer gibt an, wann und wie oft die Schüler ihre Rollen wechseln.

2. Die Paare werden in vier Künstlergruppen zusammengefaßt. Jeder Gruppe stehen bestimmte Geräte zur Verfügung, mit denen sie nach eigener Idee ihre Station aufbauen. Jeweils eine der vielen möglichen Aufbaumöglichkeiten ist unten skizziert. Es ist sinnvoll, die zur Verfügung stehenden Geräte für jede Gruppe schriftlich zu fixieren.

Gruppe 1: "Kletter- und Rutschbahnkünstler"

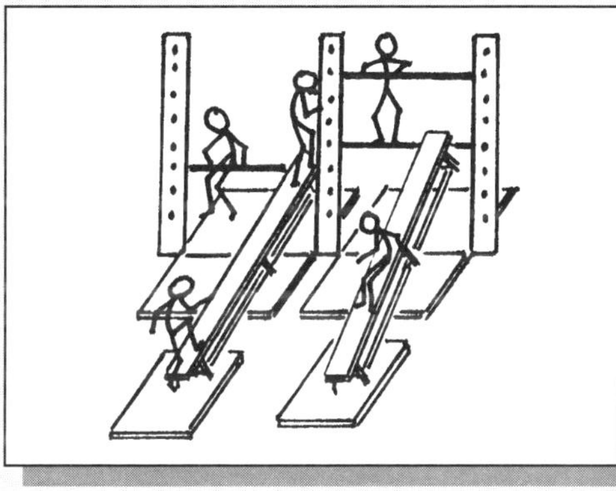

Geräte: 2 Recks mit 3 Reckstangen, 2 Bänke, evtl. ein kleiner Kasten, mehrere Turnmatten (Anregungen für Stationsaufbau und mögliche Kunststücke vgl. Seite 73).

Gruppe 2: "Balancierkünstler"

2 Bänke, 2 Sprungbretter, 4 Matten, 2 Reifen, 2 Gymnastikbälle, 2 Seilchen. (Anregungen für Stationsaufbau und mögliche Kunststücke vgl. "Gleichgewichtsübungen auf stabiler und labiler Unterlage", Seite 37ff.).

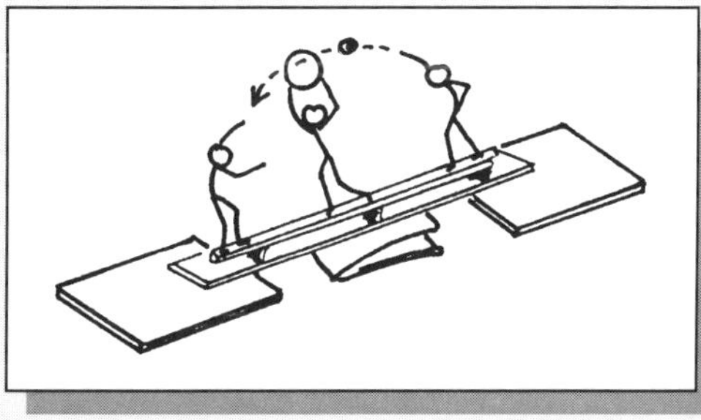

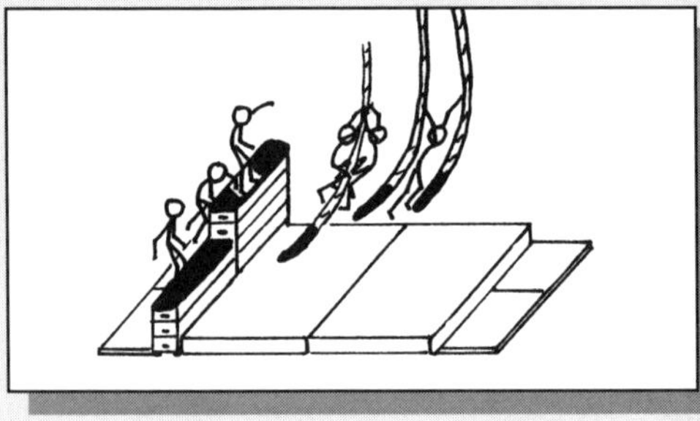

Gruppe 3: "Schaukelkünstler"

Geräte: Taue, mehrere Matten, eventuell 2 Niedersprungmatten, 2 große Kästen, 5 Seilchen.
(Anregungen für Stationsaufbau und mögliche Kunststücke, vgl. Seite 69).

Gruppe 4: "Kletterkünstler"

Geräte: 2 Barren, mehrere Matten, eventuell 1 Niedersprungmatte, 1 kleiner Kasten.
(Anregungen für Stationsaufbau und mögliche Kunststücke, vgl. Seite 71).

3. Ausprobieren verschiedener Kunststücke

4. Vorführung der Kunststücke

5. Auflösung der Gruppen. Die Schüler probieren alle Stationen aus.

6. Geräteabbau

2. Stundenbeispiel für 3. und 4. Klasse (Doppelstunde)

1. Laufübungen mit dem Partner:

Paarweise durch die Halle laufen. Auf Kommando "eins" stoppt der vordere und grätscht die Beine, der hintere kriecht hindurch; auf Kommando "zwei" überholt der hintere seinen Partner und übernimmt die Führung; auf Kommando "drei" läuft der vordere weg, der hintere versucht, seinen Partner abzuschlagen. (Die Schüler auf mögliche Zusammenstöße aufmerksam machen). Selbstverständlich können die Aufgabenstellungen variieren.

2. Der Lehrer skizziert folgenden Geräteaufbau (oder erklärt mit Hilfe von angefertigten Symbolen, die er auf eine Matte legt, die einzelnen Gerätekombinationen, vgl. auch Punkt 7, Seite 84).

Je nach Gerätekombination übernehmen unterschiedlich große Schülergruppen den Geräteaufbau.

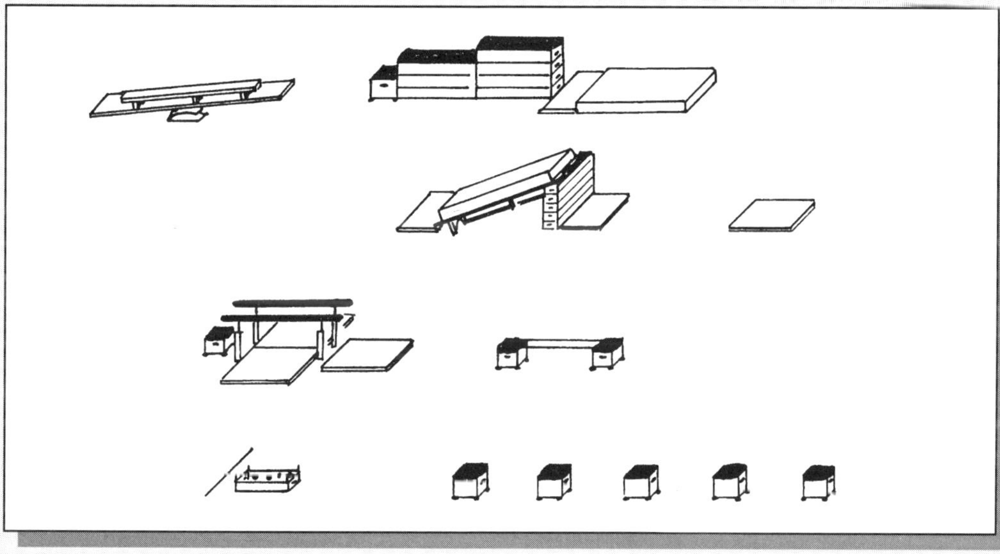

3. Die Schüler erproben im freien Wechsel die einzelnen Stationen. Ist der organisatorische Ablauf gesichert, ergänzt der Lehrer den Geräteaufbau wie folgt um:

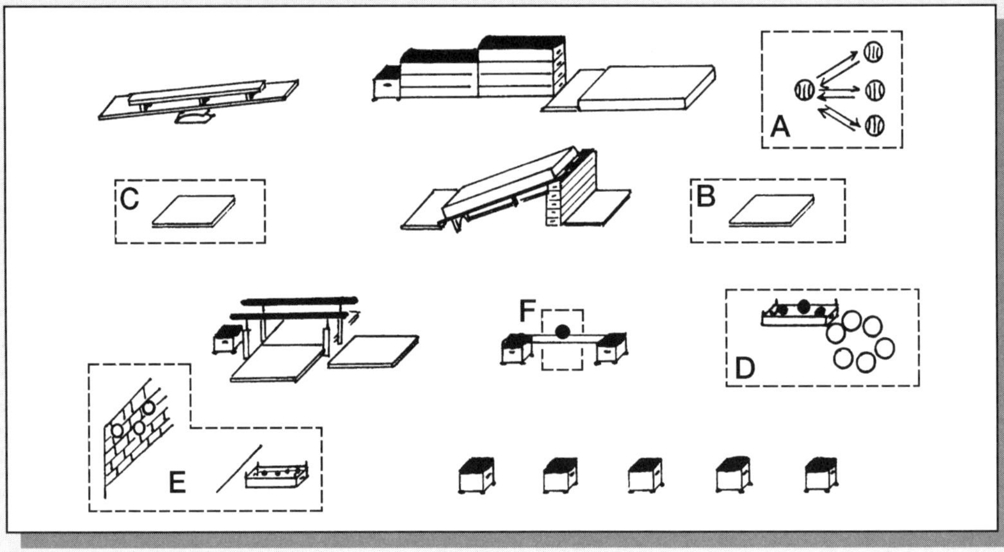

A: vier Medizinbälle

B und **C:** je eine Matte

D: ein Kastenteil mit drei Basketbällen und sechs Reifen

E: ein Kastenteil mit fünf Schlagbällen und drei an der Wand festgeklebten Reifen

F: ein Medizinball auf den Reckstangen.

4. Gewandtheitsläufe über die Gerätebahn
Der Lehrer erklärt den Laufweg und die zu lösenden Aufgaben (Schülerdemonstration).

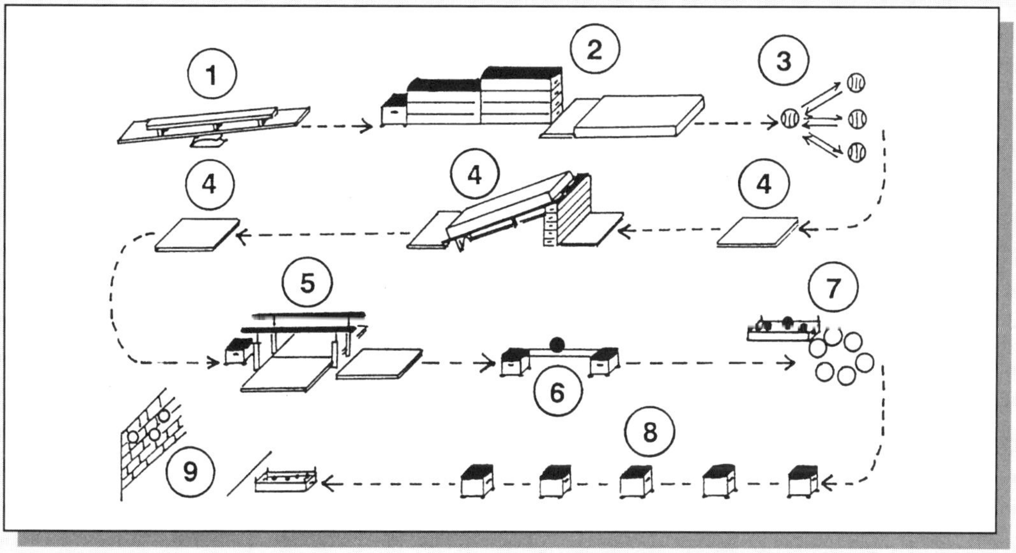

Aufgaben:

1. Balanciere über die Wippe.

2. Überlaufe die Kastentreppe, überspringe den Mattengraben.

3. Laufe schnell (laut Skizze) zwischen den Bällen. Die Bälle müssen mit einer Hand berührt werden.

4. Mache eine Rolle vorwärts auf den auf dem Boden liegenden Matten, rolle beliebig über die schräge Ebene.

5. Klettere auf allen vieren über die Holme des Barrens.

6. Balanciere auf den zwei Reckstangen.

7. Versuche, den Ball in jeden Reifen zu prellen, danach lege ihn wieder im Kastenteil ab.

8. Überlaufe oder überspringe die kleinen Kästen.

9. Versuche, beim Zielwerfen auf die an der Wand befestigten Reifen drei Treffer zu erzielen.

Mehrere Durchgänge. Der nächste beginnt mit dem Lauf, wenn der vordere die Wippe verlassen hat.

5. Geräteabbau

6. Völkerball mit "Erlösen"

Getroffene Spieler spielen an den Seitenlinien weiter mit. Erzielen sie einen Treffer, können sie wieder ins Spielfeld zurückkehren.

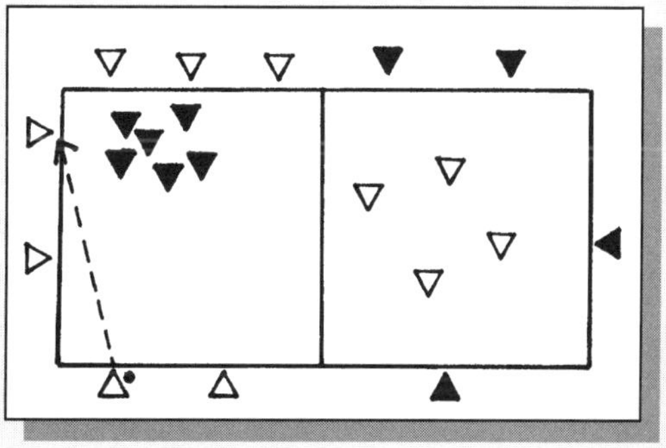

3. Stundenbeispiel für 3. und 4. Klasse (Doppelstunde)

1. Stundenauftakt mit Musik (vgl. Seite 56).

2. Lehrer organisiert folgenden Geräteaufbau (vgl. Anregungen zum Geräteauf- und -abbau, Seite 84).

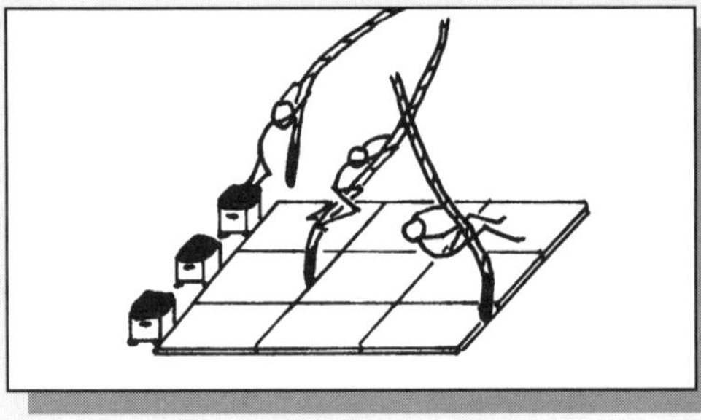

Station 1:

Geräte: Taue, kleine Kästen, Matten

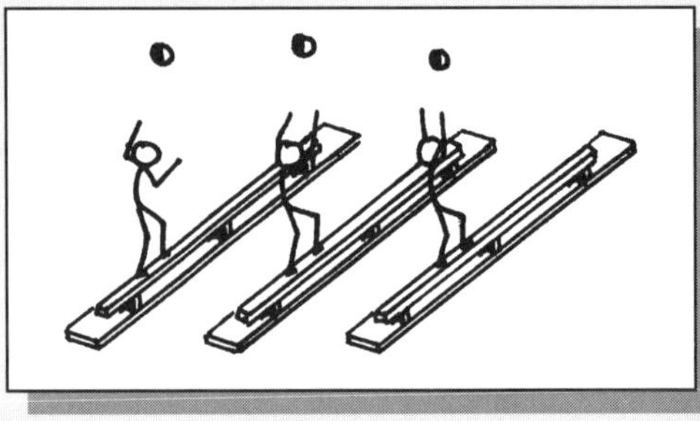

Station 2:

Geräte: Umgedrehte Bänke, je 3 bis 5 Bälle, Reifen, Seilchen, Sandsäckchen

Station 3:

Geräte: 4 große Kästen (vier- oder fünfteilig), Matten

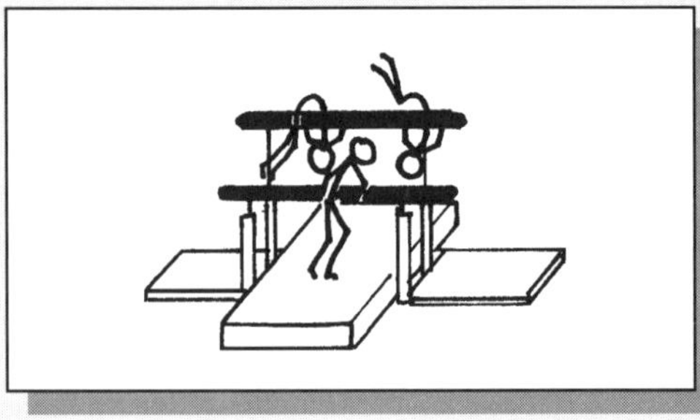

Station 4:

Geräte: Stufenbarren, Matten, evtl. Weichbodenmatte

Station 5:

Geräte: 2 Recks mit 4 Stangen, Matten

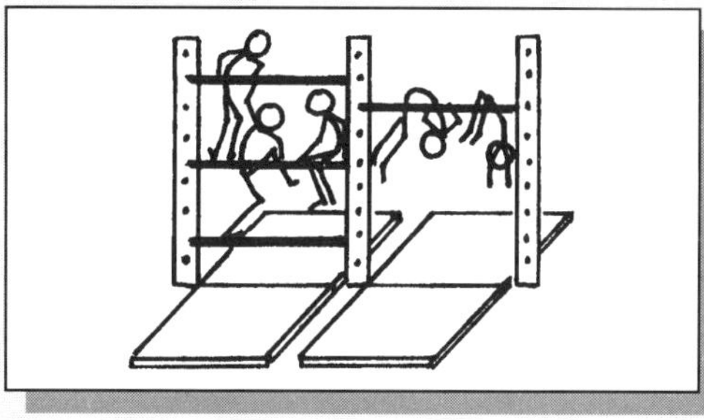

Station 6:

Geräte: 3 Mattenbahnen

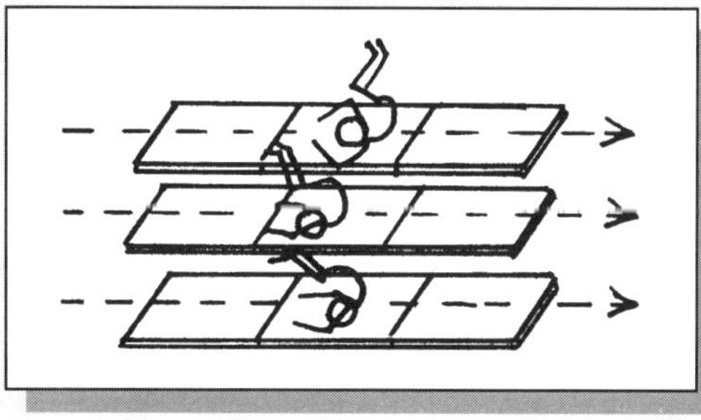

Beispiel für einen Hallenplan

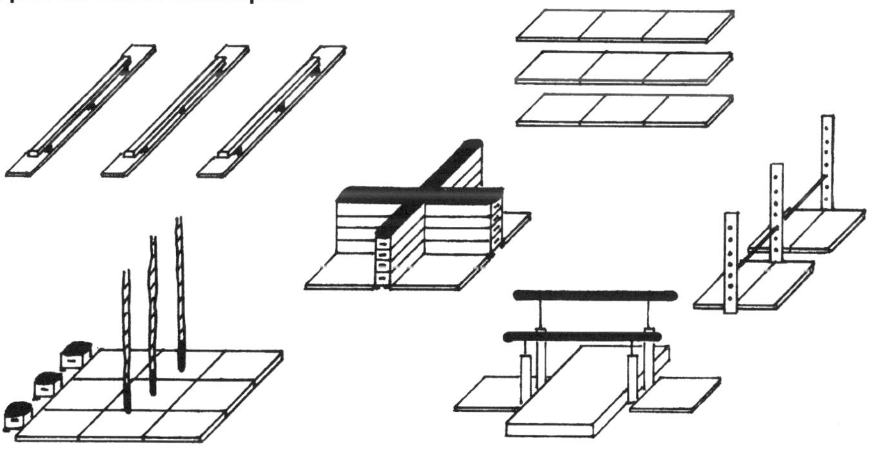

3. Schüler probieren alle Geräte im freien Wechsel aus.

4. Die Schüler werden in sechs Gruppen eingeteilt. Jeder Gruppe wird eine Station zugewiesen.

Aufgabe: Versucht, an jeder Station verschiedene Kunststücke einzuüben, die synchron ausgeführt werden.

Regelmäßiger Stationswechsel. Evtl. führen einzelne Gruppen ihre Kunststücke vor.

5. Geräteabbau

Kopiervorlagen

Vorlage 1

Station 1

Geräte: 2 kleine Kästen, 2 große Kästen, 5 Matten

Aufgabe: Jede Gruppe versucht, so oft wie möglich, die beiden kleinen und großen Kästen zu überwinden. Der nächste startet, wenn der vordere den ersten großen Kasten überwunden hat.

Vorlage 2

Station 2

Geräte: Sprossenwand, 1 Bank, 1 Niedersprungmatte, 1 Turnmatte

Aufgabe: Jede Gruppe versucht, so oft wie möglich die Bank hochzugehen/hochzulaufen und von der Stelle herunterzuspringen, von der man es sich zutraut.

Vorlage 3

Station 3

Geräte: 2 Bänke, 2 Medizinbälle

Aufgabe: Überwinde die erste Bank mit fünf Hockwenden, auf dem Rückweg übergehe/überlaufe die zweite Bank. Lege zwei Medizinbälle als Wendemarkierungen hin.

Vorlage 4

Station 4

Geräte: 7 Matten

Aufgabe: Laufe über die Matten, auf dem Rückweg rolle aus dem Stand auf der Einzelmatte ab.

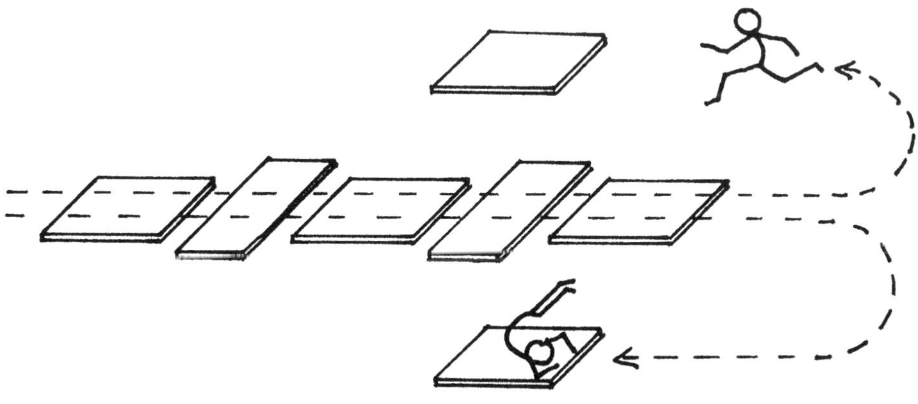

Vorlage 5

Station 5

Geräte: 6 kleine Kästen, 1 großer Kasten

Aufgabe: Jede Gruppe versucht, so oft wie möglich die Kastentreppe zu überwinden.

Vorlage 6

Station 1

Geräte: Bank, drei Matten, Niedersprungmatte, Trapez

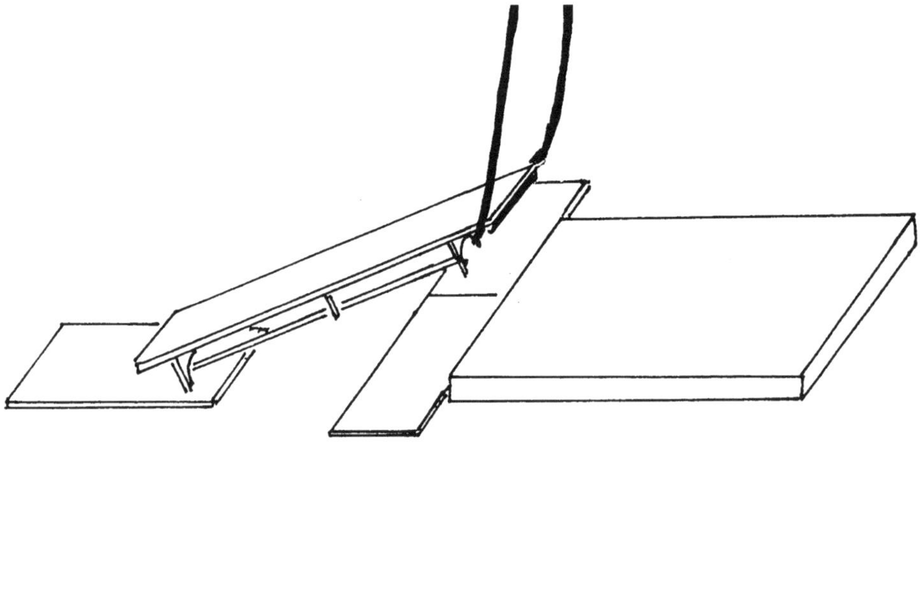

Vorlage 7

Station 2

Geräte: 2 Barren, kleiner Kasten, Niedersprungmatte, mehrere Matten

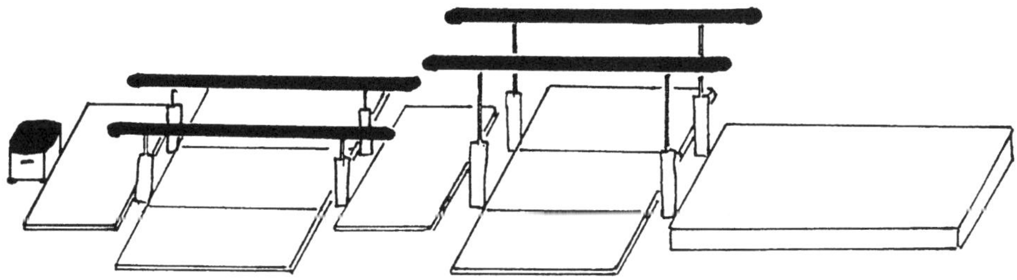

Vorlage 8

Station 3

Geräte: Bank, Kastendeckel, zwei Matten

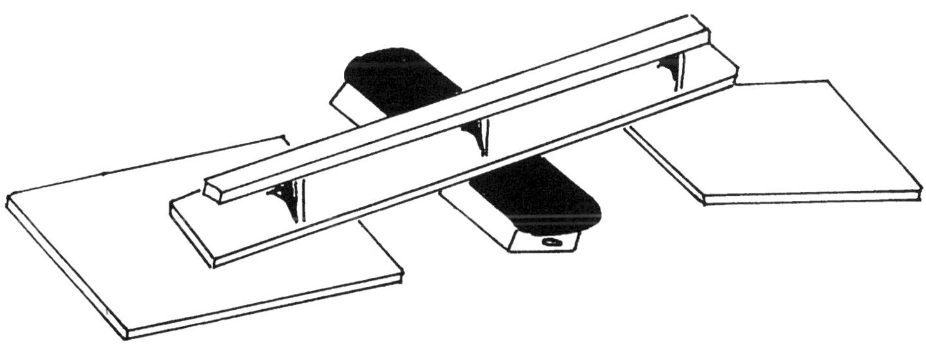

Vorlage 9

Station 4
Geräte: Weichbodenmatte, Bank

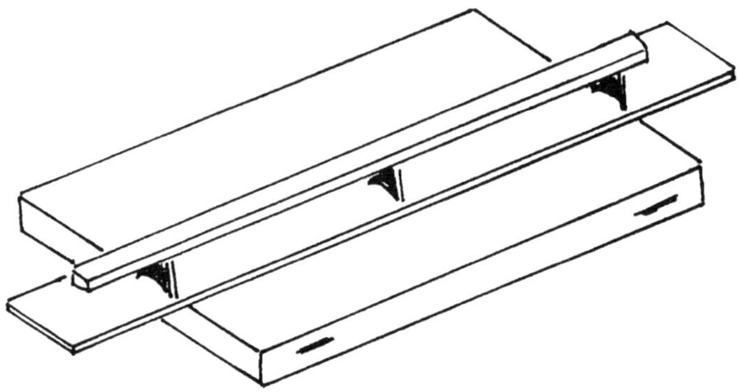

Vorlage 10

Station 5
Geräte: 2 Stäbe, Bank

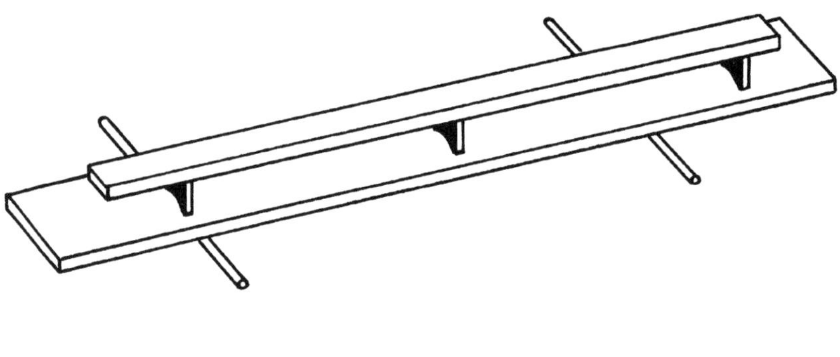

Notizen

Notizen

Bearbeiter

Andreas Kosel, Sportstudium an der Sporthochschule in Köln, Diplom-Sportlehrer, Tätigkeit an der Sporthochschule und an verschiedenen Grundschulen und Gymnasien, 1990-1992 Projektleiter "Sicherheitserziehung durch Sport" bei der Beratungsstelle für Schadenverhütung des HUK-Verbandes in Köln.

Professor Dr. Gerhard Hecker, staatlich geprüfter Sportlehrer, staatlich geprüfter Skilehrer, Grund-, Haupt- und Realschullehrer, Promotion in den Fächern Pädagogik, Philosophie und Soziologie mit einer Arbeit über Leistungsentwicklung im Sportunterricht (Marburg 1970), 1975-1991 Professor für Sportdidaktik an der Sporthochschule in Köln.

Dr.-Ing. Konrad Pfundt, Bauingenieur-Studium in Berlin und Karlsruhe, Promotion mit einer Arbeit über die Methodik von Unfall-Untersuchungen (Karlsruhe 1968), 1957-1992 Beratungsstelle für Schadenverhütung, seit 1972 als Leiter dieses Instituts für Unfallforschung und Sicherheit, seit 1992 eigenes Büro für Verkehrssicherheit.